# CRIMES CÉLÈBRES.

IMPRIMERIE DE M<sup>me</sup> V<sup>e</sup> DONDEY-DUPRÉ,
Rue Saint-Louis, 46, au Marais.

# CRIMES CÉLÈBRES

PAR

## ALEXANDRE DUMAS.

TOME QUATRIÈME.

## PARIS.

## ADMINISTRATION DE LIBRAIRIE,

RUE NOTRE-DAME-DES-VICTOIRES, 32.

1853

# LES BORGIA.

# LES BORGIA.

## 1492—1507.

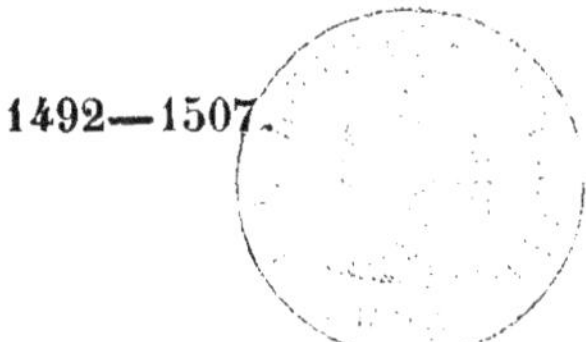

Cependant l'ambition de César croissait avec ses victoires ; à peine fut-il maître de Faenza, qu'excité par les
Marescotti, anciens ennemis des Bentivoglio, il jeta les
yeux sur Bologne; mais Jean de Bentivoglio, dont les an-
cêtres de temps immémorial possédaient cette ville, non
seulement avait fait tous les préparatifs nécessaires pour
faire une longue résistance, mais encore il s'était mis
sous la protection de la France ; de sorte qu'à peine eut-il
appris que César se dirigeait vers la frontière du Bolonais
avec son armée, qu'il envoya un courrier à Louis XII
pour réclamer la parole donnée. Louis XII la tint avec
sa fidélité ordinaire, et comme César arrivait devant Bologne, il reçut une invitation du roi de France de ne rien
entreprendre contre son allié, Bentivoglio ; mais comme
César n'était pas homme à s'être dérangé pour rien, il
fit ses conditions de retraite, auxquelles Bentivoglio sous-

## CRIMES CÉLÈBRES.

crivit, **trop** heureux d'en être quitte à ce prix : c'était la cession de Castel Bolonese, forteresse située entre Imola et Faenza, la promesse d'un tribut de neuf mille ducats, et l'entretien à son service de cent hommes d'armes et de deux mille fantassins. En échange de ces avantages, César Borgia confia à Bentivoglio qu'il était redevable de sa visite aux conseils des Mariscotti ; puis, renforcé du contingent de son nouvel allié, il prit la route de la Toscane ; mais à peine était-il hors de vue, que Bentivoglio fit fermer les portes de Bologne, chargea son fils Hermès d'assassiner de sa main Agamemnon Mariscotti, chef de la famille ; tandis qu'il faisait massacrer de son côté trente-quatre de ses frères, fils, filles ou neveux, et deux cents de leurs parens et amis. Cette boucherie fut faite par les plus nobles jeunes gens de Bologne, que Bentivoglio força de tremper dans ce meurtre, afin de les attacher à lui par la crainte des représailles.

Les projets de César sur Florence commençaient à n'être plus un mystère ; dès le mois de janvier, il avait envoyé à Pise Regnier de la Sassetta et Pierre de Gamba Corti, avec mille à douze cents hommes, et, aussitôt la conquête de la Romagne achevée, il avait encore acheminé vers cette ville Oliverotto da Fermo, avec de nouveaux détachemens. De son côté, comme on le voit, il avait renforcé son armée de cent hommes d'armes et de deux mille fantassins ; il venait d'être rejoint par Vitellozzo Vitelli, seigneur de Città di Castello, et par les Orsini qui lui avaient amené encore deux ou trois mille hommes ; de sorte qu'il avait sous ses ordres, sans compter les

## CRIMES CÉLÈBRES.

troupes envoyées à Pise, sept cents hommes d'armes et cinq mille fantassins.

Cependant, malgré cette formidable assemblée, il n'entra en Toscane qu'en protestant de ses intentions pacifiques et en déclarant qu'il voulait seulement traverser les états de la république pour se rendre à Rome, offrant de payer comptant tous les vivres dont son armée aurait besoin. Mais lorsque, après avoir passé les défilés des montagnes, il fut arrivé à Barberino, comme il sentit que la ville était en sa puissance, et que rien ne pouvait plus lui en défendre les approches, il commença à mettre à prix l'amitié qu'il avait offerte, et à imposer des conditions au lieu d'en recevoir. Ces conditions étaient que Pierre de Médicis, parent et allié des Orsini, fût rétabli dans son ancienne autorité ; que six bourgeois de la ville, désignés par Vitellozzo, fussent remis entre ses mains, afin qu'ils expiassent par leur mort celle de Paul Vitelli, exécuté injustement par les Florentins ; que la seigneurie s'engageât à ne donner aucun secours au seigneur de Piombino, qu'il comptait déposséder incessamment de ses états ; enfin, que la république le prît, lui César, à son service, avec une solde proportionnée à son mérite. Mais, comme César en était là de ses négociations avec Florence, il reçut de Louis XII l'ordre de se préparer, ainsi que la chose avait été convenue, à le suivre avec son armée dans la conquête de Naples, qu'il était enfin en état d'entreprendre. César n'osait point manquer de parole à un si puissant allié ; il lui fit donc répondre qu'il était à ses ordres, et comme les Florentins ignoraient qu'il fût forcé

de quitter la Toscane, il se fit acheter sa retraite moyennant une somme de trente-six mille ducats par année,
en échange de laquelle il devait tenir trois cents hommes
d'armes, toujours prêts à secourir la république à son premier appel et dans tous ses besoins.

Cependant, si pressé que fût César, il espéra qu'il aurait encore le temps de conquérir en passant le territoire
de Piombino, et d'emporter sa capitale par un vigoureux coup de main; en conséquence, il entra sur les terres
de Jacques IV d'Appiano; mais il trouva que celui-ci avait
d'avance, et pour lui ôter toute ressource, dévasté son
propre pays, brûlé les fourrages, coupé les arbres, arraché les vignes, et détruit le petit nombre de fontaines
qui donnaient des eaux salubres. Cela ne l'empêcha point
de s'emparer en peu de jours de Severeto, de Scarlino,
de l'île d'Elbe et de la Pianosa; mais force lui fut de
s'arrêter devant le château, qui offrait une sérieuse résitance. Or, comme l'armée du roi Louis XII continuait
en chemin vers Rome, et qu'il reçut le 27 juillet un
nouvel ordre de la rejoindre, il partit le lendemain, laissant, pour poursuivre le siége en son absence, Vitellozzo
et Jean-Paul Baglioni.

Cette fois Louis XII s'avançait vers Naples, non plus
avec la bouillante imprévoyance de Charles VIII, mais,
au contraire, avec la prudente circonspection qui lui était
habituelle. Outre son alliance avec Florence et Rome, il
avait encore signé un traité secret, avec Ferdinand le Catholique, qui prétendait avoir, par la maison de Duras,
les mêmes droits sur le royaume de Naples, que Louis XII

## LES BORGIA.

avait par la maison d'Anjou. Par ce traité, les deux rois se partageaient d'avance leur conquête : Louis XII serait maître de Naples, de la terre de Labour et des Abruzzes, avec le titre de roi de Naples et de Jérusalem ; Ferdinand se réservait la Pouille et la Calabre, avec le titre de duc de ces provinces ; tous deux devaient ensuite recevoir l'investiture du pape et relever de lui. Or ce partage avait d'autant plus de chance d'être mis à exécution, que Frédéric, croyant toujours Ferdinand son bon et fidèle ami, devait lui ouvrir les portes de ses villes, et recevoir au lieu d'alliés dans ses forteresses des vainqueurs et des maîtres. Tout cela n'était peut-être pas très-loyal de la part d'un roi qui avait si long-temps ambitionné et qui venait de recevoir le surnom de Catholique ; mais peu importait à Louis XII, qui profitait de la trahison sans la partager.

L'armée française, à laquelle venait de se réunir le duc de Valentinois, se composait de mille lances, de quatre mille Suisses, et de six mille Gascons et aventuriers ; d'un autre côté, Philippe de Rabenstein conduisait par mer seize vaisseaux bretons et provençaux, et trois caraques génoises, portant six mille cinq cents hommes de débarquement.

Le roi de Naples n'avait à opposer à cette nombreuse assemblée que sept cents hommes d'armes, six cents chevau-légers et six mille fantassins qu'il avait mis sous le commandement des Colonna, qu'il avait pris à sa solde depuis que le pape les avait chassés des États de l'Église ; mais il comptait fort sur Gonzalve de Cor-

## CRIMES CÉLÈBRES.

doue, qui devait venir le rejoindre à Gaëte, et à qui, dans sa confiance, il faisait ouvrir toutes les forteresses de la Calabre.

Mais la sécurité qu'inspirait à Frédéric son infidèle allié ne fut pas longue : en arrivant à Rome, les ambassadeurs français et espagnols présentèrent au pape le traité signé à Grenade, le 11 novembre 1500, entre Louis XII et Ferdinand le Catholique, traité qui, jusque alors, était demeuré secret. Alexandre qui, dans sa prévoyance des choses à venir, avait dénoué, par la mort d'Alphonse, tous les liens qui l'attachaient à la maison d'Aragon, commença cependant par faire quelques difficultés ; mais alors il lui fut démontré que cet arrangement n'avait été pris que pour donner aux princes chrétiens de nouveaux moyens d'attaquer l'empire ottoman, et devant une pareille considération, comme on le comprend bien, tous les scrupules du pape devaient céder ; aussi se décida-t-il, le 25 juin, à rassembler un consistoire qui déclara Frédéric déchu du trône de Naples.

Frédéric, en apprenant à la fois l'arrivée de l'armée française à Rome, la trahison de son allié Ferdinand, et la déchéance prononcée par Alexandre, comprit bien que tout était perdu ; cependant il ne voulut pas qu'il fût dit qu'il avait abandonné son royaume sans avoir même essayé de le défendre. En conséquence, il chargea Fabrice Colonna et Ranuce de Marciano, ses deux nouveaux condottieri, d'arrêter les Français devant Capoue, avec trois cents hommes d'armes, quelques chevau-légers et trois mille fantassins ; occupa de sa personne Aversa, avec

## LES BORGIA.

une autre partie de son armée, tandis que Prosper Colonna devait avec le reste défendre Naples et faire face
aux Espagnols du côté de la Calabre.

Ces dispositions étaient à peine prises, que d'Aubigny,
ayant passé le Vulturne, vint mettre le siége devant Capoue, et investit cette ville de l'un et de l'autre côté du
fleuve. A peine campés devant les remparts, les Français
commencèrent à établir leurs batteries, qui bientôt se
mirent à jouer, à la grande terreur des pauvres assiégés,
qui, presque tous étrangers à la ville, y étaient accourus de
toutes parts, croyant trouver un abri derrière ses murailles.
Aussi, dès que le premier assaut eut été donné par les
Français, quoiqu'il eût été bravement repoussé par Fabrice Colonna, la terreur se répandit telle dans la ville,
si grande et si aveugle, que chacun parla aussitôt d'ouvrir
les portes, et que ce fut à grand'peine que Colonna fit
comprendre à cette multitude qu'il fallait au moins profiter de l'échec éprouvé par les assiégeans pour obtenir
d'eux une bonne capitulation. Les ayant donc ramenés
à son avis, il envoya des parlementaires à d'Aubigny, et
une conférence fut arrêtée pour le surlendemain dans laquelle on traiterait de la reddition de la ville.

Mais ce n'était point là l'affaire de César Borgia ;
resté en arrière pour conférer avec le pape, il avait rejoint l'armée française avec une partie de ses troupes, le
jour même où la conférence avait été indiquée pour le
surlendemain : or une capitulation quelconque devait lui
enlever la part de butin et de plaisir que lui promettait
la prise d'assaut d'une ville aussi riche et aussi peuplée

        

## CRIMES CÉLÈBRES.

que Capoue. En conséquence, il entama de son côté
des négociations avec un des chefs chargés de la défense
d'une porte, négociations sourdes et dorées, toujours plus
promptes et plus efficaces que les autres; de sorte que, au
moment même où Fabrice Colonna discutait dans un bas-
tion avancé les conditions de la capitulation avec les capitaines français, on entendit tout-à-coup de grands cris
de détresse : c'était Borgia qui, sans prévenir personne,
et accompagné de sa fidèle armée de la Romagne, venait
d'entrer dans la ville, et qui commençait à égorger la garnison, laquelle, sur la foi de la capitulation prête à être
signée, s'était relâchée de sa vigilance. De leur côté, les
Français, voyant la ville à moitié rendue, se ruèrent sur
les portes avec une telle impétuosité, que les assiégés ne
cherchèrent plus même à les défendre, et pénétrèrent dans
Capoue par trois côtés différens; alors il n'y eut plus
moyen de rien arrêter. La boucherie et le pillage avaient
commencé, il fallait que l'œuvre de destruction s'accom-
plît toute entière ; en vain Fabrice Colonna, Ranuce de
de Marciano et don Ugo de Cardona, essayèrent-ils de
faire face à la fois, avec quelques hommes qu'ils avaient
rassemblés, aux Français et aux Espagnols. Fabrice Colonna et don Ugo furent faits prisonniers; Ranuce, blessé
d'un trait d'arbalète, tomba entre les mains du duc de
Valentinois ; sept mille habitans furent massacrés dans
les rues, parmi lesquels se trouva le traître qui avait livré
la porte ; les églises furent pillées, les couvens de religieuses forcés ; et alors on vit une partie de ces saintes
filles se précipiter dans les puits ou se jeter dans le fleuve

## LES BORGIA.

pour échapper aux soldats. Trois cents des plus nobles femmes de la ville s'étaient réfugiées dans une tour; le duc de Valentinois en enfonça les portes, choisit pour lui les quarante plus belles et livra le reste à son armée.

Le pillage dura trois jours.

Capoue emportée, Frédéric comprit qu'il était inutile qu'il essayât plus long-temps de se défendre; en conséquence, il s'enferma dans le Château-Neuf et permit à Gaëte et à Naples de traiter avec le vainqueur : Gaëte se racheta du pillage moyennant soixante mille ducats, et Naples moyennant la reddition du château, qui fut faite à d'Aubigny par Frédéric lui-même, à la condition qu'il pourrait faire conduire dans l'île d'Ischia son argent, ses bijoux et ses meubles, et y rester avec sa famille pendant six mois à l'abri de toute hostilité. Cette capitulation fut fidèlement tenue de part et d'autre; d'Aubigny entra dans Naples, et Frédéric se retira à Ischia.

Ainsi tomba, d'une dernière et terrible chute, et pour ne plus se relever jamais, cette branche de la maison d'Aragon qui avait régné soixante-cinq ans. Frédéric, qui était son chef, demanda et obtint un sauf-conduit pour passer en France, où Louis XII lui accorda le duché d'Anjou et trente mille ducats de rente, à la condition qu'il ne quitterait plus le royaume, où il mourut en effet le 9 septembre 1504. Son fils aîné, don Ferdinand duc de Calabre, se retira en Espagne, où on lui permit de se marier deux fois, mais avec des femmes dont la stérilité était reconnue, et où il mourut en 1550 ; Alphonse, le second fils qui avait suivi son père en France, mourut empoi-

## CRIMES CÉLÈBRES.

sonné, dit-on, à Grenoble, à l'âge de vingt-deux ans; enfin César, le troisième fils, mourut de son côté à Ferrare, avant d'avoir atteint sa dix-huitième année.

Quant à Charlotte, sa fille, elle épousa en France Nicolas, comte de Laval, gouverneur et amiral de Bretagne; une fille naquit de ce mariage : ce fut Anne de Laval, qui fut mariée à François de la Trimouille, et c'est par elle qu'avaient été transmis à la maison de la Trimouille les droits que cette maison fit valoir depuis sur le royaume des Deux-Siciles.

La prise de Naples rendit au duc de Valentinois sa liberté; il quitta donc l'armée française, après avoir reçu de son chef de nouvelles assurances de l'amitié du roi Louis XII, et revint au siége de Piombino, qu'il avait été forcé d'interrompre. Pendant ce temps le pape Alexandre visitait les conquêtes de son fils, et parcourait toute la Romagne, accompagné de Lucrèce, qui s'était enfin consolée de la mort de son mari, et qui n'avait jamais joui près de sa Sainteté d'une si grande faveur; aussi, en revenant à Rome, n'eut-elle plus d'autres appartemens que ceux de son père. Il résulta de cette recrudescence d'amitié pontificale deux bulles qui érigeaient en duché les villes de Nepi et de Sermoneta : l'un fut donné à Jean Borgia, un des bâtards du pape qu'il avait eu en dehors de ses amours avec la Vanozza et Julia Farnèse, et l'autre à don Roderic d'Aragon, fils de Lucrèce et d'Alphonse : les terres des Colonna faisaient les apanages de ces deux duchés.

Mais, outre cela, Alexandre rêvait encore un nouvel ac-

## LES BORGIA.

croissement de fortune : c'était un mariage entre Lucrèce
et don Alphonse d'Est, fils du duc Hercule de Ferrare,
mariage en faveur duquel Louis XII s'était entremis.

Or, comme sa Sainteté était en veine de bonheur, elle
apprit le même jour que Piombino s'était rendu au duc
de Valentinois, et que parole avait été donnée par le duc
Hercule au roi de France.

C'étaient là, en effet, de riches nouvelles pour Alexandre VI, mais dont l'une, comme importance, ne pouvait se
comparer à l'autre; aussi celle du mariage de M<sup>me</sup> Lucrèce
avec l'héritier présomptif du duché de Ferrare fut-elle
reçue avec une joie qui sentait un peu son parvenu. Le
duc de Valentinois fut invité à revenir à Rome, pour
prendre sa part du bonheur de la famille, et le jour où
la publication de la nouvelle eut lieu, le gouverneur du
château Saint-Ange reçut l'ordre de tirer le canon de
quart d'heure en quart d'heure, depuis midi jusqu'à minuit. A deux heures, Lucrèce, en habits de fiancée, accompagnée par ses deux frères le duc de Valentinois et le
duc de Squillace, sortit du Vatican, suivie de toute la noblesse de Rome, et alla rendre grâces, à l'église de la
Madonna del Popolo, où étaient enterrés le duc de Gandie
et le cardinal Jean Borgia, de la nouvelle faveur que le
ciel accordait à sa maison; et le soir, accompagnée de cette
même cavalcade rendue plus brillante encore par la lueur
des torches et la clarté des illuminations, elle parcourut
toute la ville, au milieu des cris de : Vive le pape Alexandre VI! vive la duchesse de Ferrare! que poussaient des
hérauts habillés de drap d'or.

## CRIMES CÉLÈBRES.

Le lendemain, on publia par la ville que des courses de femmes étaient ouvertes du château Saint-Ange à la place Saint-Pierre; que, de trois jours l'un, il y aurait un combat de taureau à la manière espagnole; et qu'à partir du mois d'octobre, où l'on était alors, jusqu'au premier jour de Carême, les mascarades seraient permises dans les rues de Rome.

Telles étaient les fêtes du dehors; quant à celles qui avaient lieu dans l'intérieur du Vatican, le programme n'en était pas donné au peuple; car, au dire de Burc hard, témoin oculaire, voici ce qu'elles étaient :

« Le dernier dimanche du mois d'octobre, cinquante courtisanes soupèrent au palais apostolique dans la chambre du duc de Valentinois, et, après avoir soupé, dansèrent avec les écuyers et les serviteurs, d'abord vêtues de leurs habits, ensuite nues; après le souper on enleva la table, on posa symétriquement les candélabres à terre, et l'on sema sur le parquet une grande quantité de châtaignes, que ces cinquantes femmes, toujours nues, ramassèrent en marchant à quatre pattes entre les flambeaux ardens; le pape Alexandre, le duc de Valentinois et sa sœur Lucrèce, qui regardaient ce spectacle d'une tribune, encourageaient par leurs applaudissemens les plus adroites et les plus diligentes, qui reçurent pour prix des jarretières brodées, des brodequins de velours et des bonnets de drap d'or et de dentelles; puis on passa à de nouveaux plaisirs, et. .

. . . . . . . . . . . . . . . . . . . . . . .»

Nous en demandons bien humblement pardon à nos lecteurs, et surtout à nos lectrices; mais après avoir trouvé

## LES BORGIA.

des expressions pour la première partie du spectacle, voilà que nous en cherchons vainement pour la seconde ; nous nous contenterons donc de leur dire que, comme il y avait eu des prix pour l'adresse, il y en eut pour la luxure et la bestialité.

Quelques jours après cette soirée étrange, qui rappelait si bien les veillées romaines de Tibère, de Néron et d'Élagabale, Lucrèce, vêtue d'une robe de brocart d'or, dont de jeunes filles, vêtues de blanc et couronnées de roses, portaient la queue, sortit de son palais, marchant, au son des trompettes et des clairons, sur des tapis étendus par les rues où elle devait passer ; et accompagnée des plus nobles cavaliers et des plus belles femmes de Rome, elle se rendit au Vatican, où l'attendaient, dans la salle Pauline, le pape, le duc de Valentinois, don Ferdinand, procureur du duc Alphonse, et le cardinal d'Est, son cousin. Le pape s'assit d'un côté de la table, tandis que les envoyés ferrarais se tenaient debout de l'autre côté ; alors M<sup>me</sup> Lucrèce s'avança au milieu, et don Ferdinand lui mit au doigt l'anneau nuptial ; cette cérémonie accomplie, le cardinal d'Est s'approcha à son tour, et présenta à la fiancée quatre magnifiques bagues où étaient enchâssées des pierres précieuses ; puis, on apporta sur la table une cassette, richement incrustée d'ivoire, dont le cardinal tira une quantité de joyaux, de chaînes et de colliers, de perles et de diamans, dont le travail n'était pas moins précieux que la matière, et qu'il pria de nouveau Lucrèce d'accepter, en attendant ceux que son fiancé se promettait de lui offrir lui-même, et qui seraient

## CRIMES CÉLÈBRES.

plus dignes d'elle. Lucrèce accepta ces présens avec les démonstrations de la plus grande joie ; puis elle se retira dans une salle voisine, appuyée sur le bras du pape, et suivie des dames qui l'avaient accompagnée, laissant au duc de Valentinois le soin de faire aux hommes les honneurs du Vatican. Le soir, les invités se réunirent de nouveau, et, tandis qu'on tirait un magnifique feu d'artifice sur la place Saint-Paul, ils dansèrent jusqu'à la moitié de la nuit.

La cérémonie des fiançailles accomplie, le pape et le duc de Valentinois s'occupèrent des apprêts du départ. Le pape, qui désirait que le voyage se fît avec un grand appareil, mit à la suite de sa fille, outre ses deux beaux-frères et les gentilshommes venus avec eux, le sénat de Rome et tous les seigneurs qui, par leur fortune, pouvaient étaler le plus de magnificence sur leurs habits et dans leur livrée. Parmi cette suite splendide, on distinguait Olivier et Ramiro Mattei, fils de Pierre Mattei, chancelier de la ville, et d'une fille que le pape avait eue d'une autre femme encore que là Vanozza : en outre, sa Sainteté nomma en consistoire François Borgia, cardinal de Cosenza, légat à latere, pour accompagner sa fille jusqu'aux frontières des États ecclésiastiques.

De son côté, le duc de Valentinois envoya des messagers dans toutes les cités de la Romagne, pour que Lucrèce fût reçue dans chacune d'elles comme si elle en était souveraine et maîtresse ; aussitôt de grands préparatifs furent faits pour accomplir les ordres du duc. Cependant les messagers lui rapportèrent qu'ils craignaient

## LES BORGIA.

fort que des murmures ne se fissent entendre à Césène,
où, on se le rappelle, César, pour calmer l'agitation de
la ville, avait laissé avec ses pleins pouvoirs le gouverneur Ramiro d'Orco. Or Ramiro d'Orco avait si bien
accompli son œuvre, qu'il n'y avait plus rien à craindre
sous le rapport de la rébellion ; car un sixième des habitans avait péri sur l'échafaud. Cependant il résultait de
cette situation que l'on n'espérait pas obtenir de la ville en
deuil les mêmes démonstrations de joie que l'on attendait
d'Immoli, de Faenza et de Pesaro; mais le duc de Valentinois obvia à cet inconvénient avec une promptitude et
une efficacité qui n'appartenaient qu'à lui. Un matin, les
habitans de Césène trouvèrent en s'éveillant l'échafaud
dressé sur la place, et sur l'échafaud un homme coupé
en quatre quartiers, que surmontait, au bout d'un pieu,
une tête détachée du tronc.

Cet homme, c'était Ramiro d'Orco.

Nul ne sut jamais par quelles mains l'échafaud nocturne avait été dressé, ni par quels bourreaux la terrible
exécution avait été faite; seulement la république de
Florence ayant fait demander à Machiavel, son légat à
Césène, ce qu'il pensait de cette mort, Machiavel répondit :

« Magnifiques seigneurs ,

Je ne puis rien vous dire touchant l'exécution de Ramiro d'Orco, sinon que César Borgia est le prince qui
sait le mieux faire et défaire les hommes selon leurs
mérites.

Nicolas Machiavel. »

## CRIMES CÉLÈBRES.

Le duc de Valentinois ne s'était pas trompé dans sa prévision, la future duchesse de Ferrare fut admirablement reçue dans toutes les villes par lesquelles elle passa, et particulièrement dans la ville de Césène.

Pendant que Lucrèce allait rejoindre à Ferrare son quatrième mari, Alexandre et le duc de Valentinois résolurent de faire une tournée dans leur dernière conquête, le duché de Piombino. Le but apparent de ce voyage était de faire prêter serment à César par ses nouveaux sujets, et le but réel, de former dans la capitale de Jacques Appiano un arsenal à portée de la Toscane, à laquelle ni le pape ni son fils n'avaient jamais sérieusement renoncé. Tous deux partirent donc du port de Corneto sur six galères, accompagnés d'un grand nombre de cardinaux et de prélats, et le même soir arrivèrent à Piombino. La cour pontificale y demeura quelques jours, tant pour faire reconnaître le duc de Valentinois des habitans, que pour assister à quelques fonctions ecclésiastiques, dont la principale fut une chapelle tenue le troisième dimanche de carême, et dans laquelle le cardinal de Cosenza chanta une messe, ou le pape assista pontificalement avec le duc et les cardinaux. Puis, faisant succéder ses plaisirs accoutumés à ces graves fonctions, le pape fit venir les plus belles filles du pays, et leur ordonna de danser devant lui leurs danses nationales.

A ces danses succédaient des festins d'une somptuosité inouïe, et dans lesquels, à la vue de tous, quoiqu'on fût en carême, le pape ne se fit aucun scrupule de ne point faire maigre. Au reste, toutes ces fêtes avaient pour

## LES BORGIA.

but de répandre une grande quantité d'argent dans le
pays et de populariser le duc de Valentinois, en faisant
oublier le pauvre Jacques d'Appiano.

Après Piombino, le pape et son fils visitèrent l'île
d'Elbe, où ils ne s'arrêtèrent, au reste, que le temps nécessaire pour visiter les vieilles fortifications et ordonner
d'en faire de nouvelles.

Enfin, les illustres voyageurs s'embarquèrent pour revenir à Rome ; mais à peine en mer, le temps étant devenu contraire, et le pape n'ayant pas voulu rentrer à Porto
Ferrajo. on resta cinq jours sur les galères, qui n'avaient
de provisions que pour deux. Pendant les trois derniers
jours le pape ne vécut donc que de quelques poissons
frits, pêchés à grand'peine, à cause du gros temps. Enfin,
on arriva en vue de Corneto, et là, le duc de Valentinois, qui était sur une autre galère que celle montée
par le pape, voyant que son bâtiment ne pouvait prendre
terre, se jeta dans un bateau, et se fit conduire au port.
Quant au pape, il fut contraint de continuer sa route
vers Pontercole, où il arriva enfin, après avoir été battu
d'une tempête si violente, que tous ceux qui l'accompa-
gnaient demeuraient comme abattus, ou par le mal de
mer, ou par la terreur de la mort. Le pape seul ne ma-
nifesta point un seul instant de crainte, demeurant, tout
le temps que dura la tempête, sur le pont, assis dans son
fauteuil, invoquant le nom de Jésus et faisant le signe
de la croix. Enfin, la galère qui le portait entra dans la
rade de Pontercole, où il prit terre à son tour, et ayant
envoyé chercher des chevaux à Corneto, il rejoignit le

## CRIMES CÉLÈBRES.

duc, qui l'attendait dans cette ville. Tous deux alors revinrent, à petites journées, par Cività-Vecchia et Palo, et rentrèrent dans Rome après un mois d'absence. Presque en même temps qu'eux y arriva, venant chercher son chapeau, le cardinal d'Albret. Il était accompagné des deux infans de Navarre, qui y furent accueillis non seulement avec les honneurs qui convenaient à leur rang, mais encore comme des beaux-frères auxquels le duc de Valentinois était jaloux de montrer le cas qu'il faisait de leur alliance.

Cependant le temps était venu où le duc de Valentinois devait reprendre le cours de ses conquêtes. Aussi, comme dès le premier mai de l'année précédente le pape avait prononcé, en plein consistoire, une sentence de déchéance contre Jules-César de Varano, par laquelle, en punition du meurtre de son frère Rodolphe et de l'asile qu'il avait accordé aux ennemis du pape, il était exproprié de son fief de Camerino, lequel était réuni à la chambre apostolique, César partit de Rome pour la mettre à exécution. En conséquence, arrivé sur les frontières de Pérouse, qui appartenait à son lieutenant, Jean-Paul Baglioni, il envoya Oliverotto da Fermo et Gravina Orsini ravager la Marche de Camerino, en même temps qu'il priait Gui d'Ubaldo de Montefeltro, duc d'Urbin, de lui prêter ses soldats et son artillerie, pour l'aider dans cette entreprise ; ce que le malheureux duc d'Urbin, qui était dans les meilleures relations avec le pape, et qui n'avait aucun motif de se défier de César, n'osa lui refuser. Mais le même jour où les troupes du duc d'Urbin se

## LES BORGIA.

mettaient en route pour Camerino, les troupes du duc
de Valentinois entraient dans le duché d'Urbin, et s'em-
paraient de Cagli, une des quatre villes de ce petit état.
Le duc comprit ce qui l'attendait s'il essayait de faire
résistance, et s'enfuit en habit de paysan; de sorte qu'en
moins de huit jours César se trouva maître de son duché,
moins les forteresses de Maiolo et de San-Leo.

Le duc de Valentinois se retourna aussitôt vers Came-
rino, qui tenait toujours, excité par la présence de Jules-
César de Varano, son seigneur, et de ses deux fils,
Venantio et Annibal; quant à l'aîné, qui se nommait
Jean-Marie, il avait été envoyé par son père à Venise.

La présence de César amena des pourparlers entre
les assiégeans et les assiégés. On rédigea une capitulation par laquelle Varano s'engageait à rendre la ville, à la
condition que lui et ses fils en sortiraient sains et saufs,
emportant avec eux leurs meubles, leurs trésors et leurs
équipages. Mais ce n'étaient point là les intentions de
César; aussi, profitant du relâchement que l'annonce de
la capitulation avait naturellement amené dans la vigilance
de la garnison, il surprit la ville pendant la nuit qui
précédait sa reddition, et s'empara de César de Varano,
et de ses deux fils, qui furent étranglés quelque temps
après, le père à la Pergola, et les deux fils à Pesaro,
par don Michele Correglia, qui, quoique monté du rang
de sbire à celui de capitaine, en revenait de temps en
temps à son premier métier.

Pendant ce temps, Vitellozzo Vitelli, qui prenait le titre
de général de l'Église, et qui avait sous ses ordres huit

## CRIMES CÉLÈBRES.

cents hommes d'armes et trois mille fantassins, suivant les instructions secrètes et verbales qu'il avait reçues de César, poursuivait le système d'invasion qui devait envelopper Florence d'un réseau de fer et la mettre un jour dans l'impossibilité de se défendre. Digne élève de son maître, à l'école duquel il avait appris à user tour à tour de la finesse du renard ou de la force du lion, il avait noué des intelligences avec quelques jeunes seigneurs d'Arezzo pour se faire livrer cette ville. Cependant, la conjuration ayant été découverte par Guillaume des Pazzi, commissaire pour la république florentine, ce dernier fit arrêter deux des conjurés ; mais les autres, qui étaient beaucoup plus nombreux qu'on ne le croyait, s'étant aussitôt répandus dans la ville en criant aux armes, tout le parti républicain, qui voyait un moyen, dans une révolution quelconque, de secouer le joug de Florence, se réunit à eux, délivra les captifs, s'empara de Guillaume, et, ayant proclamé le rétablissement de l'ancienne constitution, mit le siége devant la citadelle, où s'était réfugié Côme des Pazzi, évêque d'Arezzo, fils de Guillaume, lequel, se voyant investi de tous côtés, envoya en toute hâte un messager à Florence pour demander des secours.

Malheureusement pour le cardinal, les troupes de Vitellozzo Vitelli étaient plus rapprochées des assiégeans que les soldats de la sérénissime république ne l'étaient des assiégés, de sorte qu'au lieu d'un secours, ce fut toute l'armée ennemie qu'il vit arriver. Cette armée était commandée par Vitellozzo, par Jean-Paul Baglioni et

## LES BORGIA.

Fabio Orsino, qui conduisaient avec eux les deux Médicis, lesquels accouraient partout où il y avait ligue contre Florence, et qui se tenaient à la disposition de Borgia pour rentrer, à quelque condition que ce fût, dans la ville qui les avait chassés. Le lendemain, un autre secours d'argent et d'artillerie envoyé par Pandolfo Petrucci arriva encore de même ; de sorte que, le 18 juin, la citadelle d'Arezzo, qui n'avait reçu aucune nouvelle de Florence, fut obligée de se rendre.

Vitellozzo laissa les Arétins garder leur ville eux-mêmes, enferma Fabio Orsino dans la citadelle avec mille hommes, et, profitant de la terreur qu'avaient inspirée à toute cette partie de l'Italie les prises successives du duché d'Urbin de Camerino et d'Arezzo, il marcha sur Monte-San-Severino, sur Castiglione-Aretino, sur Cortone et sur les autres villes du Val de Chiana, qui se rendirent successivement et presque sans se défendre. Arrivé ainsi à dix ou douze lieues de Florence seulement, et n'osant rien entreprendre de son chef contre elle, il fit savoir au duc de Valentinois où il en était. Celui-ci, pensant que l'heure était venue de frapper enfin le coup qu'il retardait depuis si long-temps, se mit aussitôt en route pour aller porter en personne sa réponse à ses fidèles lieutenans.

Mais les Florentins, s'ils n'avaient pas envoyé de secours à Guillaume des Pazzi, en avaient demandé à Chaumont d'Amboise, gouverneur du Milanais pour Louis XII, en lui exposant non seulement le danger qu'ils couraient, mais encore les plans ambitieux de César, qui, après avoir envahi les petites principautés

## CRIMES CÉLÈBRES.

d'abord, puis ensuite les états de second ordre, en viendrait peut-être à cet excès d'orgueil de s'attaquer au roi de France lui-même. Or les nouvelles de Naples étaient inquiétantes, de graves démêlés s'étaient déjà élevés entre le comte d'Armagnac et Gonzalve de Cordoue ; Louis XII pouvait avoir besoin au premier jour de Florence, qu'il avait toujours trouvée loyale et fidèle : il résolut donc d'arrêter les progrès de César, et non seulement envoya à celui-ci l'ordre de ne pas faire un pas de plus, mais encore il mit en marche, pour appuyer efficacement son injonction, le capitaine Imbaut avec quatre cents lances.

Le duc de Valentinois reçut sur la frontière de la Toscane une copie du traité signé entre la république et le roi de France, traité dans lequel le premier s'engageait à secourir son alliée contre quiconque l'attaquerait, et, jointe à cette copie, la défense formelle que lui faisait Louis XII d'aller plus loin. César apprit en même temps qu'outre les quatre cents lances du capitaine Imbaut, qui étaient en route pour Florence, Louis XII, en arrivant à Asti, avait immédiatement acheminé sur Parme Louis de la Trimouille avec deux cents gens d'armes, trois mille Suisses et un train considérable d'artillerie. Il vit dans ces deux mouvemens combinés des dispositions hostiles contre lui, et, faisant volte-face avec son habileté ordinaire, il profita de ce qu'il n'avait donné à aucun de ses lieutenans d'autre ordre que des instructions verbales, et écrivit à Vitellozzo une lettre foudroyante, dans laquelle il lui re-

LES BORGIA.

prochait de l'avoir compromis pour son intérêt particulier, et lui ordonnait de rendre à l'instant même aux Florentins les villes et les forteresses qu'il avait prises sur eux, le menaçant, s'il hésitait un instant, de marcher lui-même avec ses troupes pour les lui reprendre.

Puis, cette lettre écrite, César Borgia partit aussitôt pour Milan, où venait d'arriver Louis XII, lui portant, par le fait même de l'évacuation des villes conquises, la preuve qu'on l'avait calomnié auprès de lui. Il avait en même temps mission du pape de renouveler pour dix-huit mois encore, au cardinal d'Amboise, l'ami plutôt que le ministre de Louis XII, son titre de légat à latere en France. Grâce à cette preuve publique de son innocence et à cette influence cachée, César eut bientôt fait sa paix avec le roi de France.

Mais ce ne fut pas tout : comme il était dans le génie de César de toujours sortir plus grand par quelque combinaison nouvelle d'une catastrophe qui eût dû l'abaisser, il calcula tout de suite le parti qu'il pouvait tirer de la désobéissance prétendue de ses lieutenans ; et comme déjà plus d'une fois il s'était inquiété de leur puissance et avait convoité leurs villes, il pensa que l'heure était peut-être venue de les faire disparaître et de chercher dans l'envahissement de leurs propres domaines un dédommagement à cette Florence qui lui échappait sans cesse au moment où il croyait la tenir.

Et, en effet, c'était une chose fatigante que ces forteresses et ces cités qui s'élevaient, avec une autre bannière que la sienne, au milieu de cette belle Romagne

## CRIMES CÉLÈBRES.

dont il comptait faire son royaume. Ainsi Vitellozzo possédait Città di Castello, Bentivoglio tenait Bologne, Jean-Paul Baglioni commandait à Pérouse, Oliverotto venait de s'emparer de Fermo ; enfin Pandolfo Petrucci était seigneur de Sienne : il était temps que tout cela rentrât sous un pouvoir unique. Les lieutenans du duc de Valentinois, pareils à ceux d'Alexandre, commençaient à se faire trop puissans, et il fallait que Borgia héritât d'eux s'il ne voulait pas qu'ils héritassent de lui.

Le duc de Valentinois obtint de Louis XII trois cents lances pour marcher contre eux.

De son côté, Vitellozzo Vitelli avait à peine reçu la lettre de César, qu'il avait compris qu'il était sacrifié par celui-ci à la crainte qu'il avait du roi de France ; mais Vitellozzo n'était pas une de ces victimes qu'on égorge ainsi en expiation d'une faute : c'était un buffle de la Romagne qui fait face avec ses cornes au couteau du sacrificateur ; d'ailleurs l'exemple des Varano et des Manfredi était là, et mourir pour mourir, mieux valait tomber les armes à la main.

Vitellozzo Vitelli convoqua donc à Maggione ceux dont les existences et les domaines étaient menacés par ce nouveau revirement de la politique de César : c'étaient Paul Orsino, Jean-Paul Baglioni, Hermès Bentivoglio, qui représentait son père Jean ; Antoine de Venafro, envoyé de Pandolfo Petrucci ; Oliverotto da Fermo et le duc d'Urbin, les six premiers avaient tout à perdre, et le dernier avait déjà tout perdu.

Une ligue fut signée entre les confédérés : ils s'enga—

## LES BORGIA.

geaient à résister à César, soit qu'il essayât de les battre partiellement, soit qu'il les attaquât tous ensemble.

César apprit cette ligue par le premier résultat qu'elle avait produit; le duc d'Urbin, qui était adoré de ses sujets, s'était présenté avec quelques soldats devant la forteresse de San-Leo, elle se rendit à lui, et en moins de huit jours, villes et forteresses suivant cet exemple, tout le duché se retrouva au pouvoir du duc d'Urbin.

En même temps, chacun des confédérés proclama ouvertement sa révolte contre l'ennemi commun, et prit une attitude hostile.

Le duc était à **Imola**, où il attendait les troupes françaises, mais presque sans soldats; si bien que, si Bentivoglio, qui tenait une partie du pays, et le duc d'Urbin, qui venait de reconquérir l'autre, avaient marché contre lui, il est probable, ou qu'ils l'eussent pris, ou qu'ils l'eussent contraint de fuir et de quitter la Romagne; d'autant plus que les deux hommes sur lesquels il comptait, c'est-à-dire don Ugo de Cardona, qui était entré à son service après la prise de Capoue, et Michelotto, ayant mal suivi ses intentions, se trouvèrent tout-à-coup séparés de lui. En effet, il leur avait ordonné de se replier sur Rimini, et de lui ramener deux cents chevau-légers et cinq cents fantassins qu'ils commandaient; mais ne connaissant pas l'urgence de sa situation, au moment où ils essayaient de s'emparer par surprise de la Pergola et de Fossombrune, ils furent entourés par Orsino Gravina et Vitellozzo. Ugo de Cardona et Michelotto se défendirent comme des lions; mais, quelques efforts qu'ils fissent, leur petite

## CRIMES CÉLEBRES.

troupe fut taillée en pièces, Ugo de Cardona fut fait
prisonnier, et Micheletto n'échappa au même sort qu'en
se couchant parmi les morts; puis, la nuit venue, il se
sauva à Fano.

Cependant, tel qu'il était et presque sans troupes à
Imola, les confédérés n'osèrent rien tenter contre César,
soit par la crainte qu'il inspirait personnellement, soit
qu'ils respectassent en lui l'ami du roi de France ; ils se
contentèrent donc de s'emparer des villes et des forteresses environnantes. Vitellozzo avait repris les forteresses de Fossombrune, d'Urbin, de Cagli et d'Aggobbio ;
Orsino et Gravina avaient reconquis Fano et toute la province ; enfin, Jean Marie de Varano, le même qui, par
son absence, avait échappé au massacre de toute sa famille, était rentré à Camerino, porté en triomphe par
son peuple.

Rien de tout cela ne détruisit la confiance que César
avait dans sa fortune, et tandis que d'un autre côté il
pressait l'arrivée des troupes françaises, et appelait à sa
solde tous ces petits gentilshommes qu'on appelait des
*lances brisées*, parce qu'ils couraient le pays avec cinq ou
six cavaliers seulement, s'engageant au service de quiconque avait besoin d'eux, il avait entamé des négociations avec ses ennemis, certain que du jour où il les amè-
nerait à une conférence ils étaient perdus. En effet, César
avait reçu du ciel le don fatal de la persuasion; de sorte
que, si bien prévenu que l'on fût de sa duplicité, il n'y
avait pas moyen de résister, non pas à son éloquence, mais
à cet air de franche bonhomie qu'il savait si bien prendre

## LES BORGIA.

et qui faisait l'admiration de Machiavel. lequel, si profond politique qu'il fût, se laissa plus d'une fois tromper par elle. Pour engager Paul Orsino à venir traiter à Imola, il envoya donc aux confédérés le cardinal Borgia en otage; aussi Paul Orsino n'hésita-t-il plus et arriva-t-il à Imola le 25 octobre 1502.

Le duc de Valentinois le reçut comme un ancien ami, dont on a été séparé quelques jours par des discussions légères et momentanées ; il avoua avec franchise que tous les torts étaient sans doute de son côté, puisqu'il s'était aliéné des hommes qui étaient à la fois de si loyaux seigneurs et de si braves capitaines ; mais, entre gens comme eux, il ajouta qu'une explication franche et loyale, comme celle qu'il donnait, devait remettre toutes choses dans le même état qu'auparavant. Alors, et comme preuve que ce n'était point la crainte, mais son bon vouloir, qui le ramenait à eux, il montra à Orsino les lettres du cardinal d'Amboise qui lui annonçaient l'arrivée prochaine des troupes françaises ; il lui fit voir celles qu'il avait rassemblées autour de lui, désirant, ajouta-t-il, qu'ils fussent bien convaincus que ce qu'il regrettait le plus dans tout cela, ce n'était pas tant la perte qu'il avait faite de capitaines si distingués, qu'ils étaient l'âme de sa vaste entreprise, que d'avoir, d'une manière si fatale pour lui, laissé croire au monde qu'il pouvait un seul instant avoir méconnu leur mérite ; qu'en conséquence, il se fiait à lui, Paul Orsino, qu'il avait toujours aimé entre tous, pour ramener les confédérés à une paix qui serait aussi profitable à tous que la guerre était nuisible à chacun,

## CRIMES CÉLÈBRES.

étant prêt à signer avec eux tout accommodement qui ne serait pas préjudiciable à son honneur.

Orsino était l'homme qu'il fallait à César; plein d'orgueil et de confiance en lui-même, il était convaincu du vieux proverbe qui dit que : « Un pape ne peut régner huit jours, s'il a contre lui à la fois les Colonna et les Orsini. — Il crut donc, sinon à la bonne foi de César, du moins à la nécessité où il était de revenir à eux ; en conséquence, sauf ratification, il signa avec lui, le 18 octobre 1502, les conventions suivantes, que nous reproduisons telles que Machiavel les envoya à la magnifique république de Florence.

### ACCORD ENTRE LE DUC DE VALENTINOIS ET LES CONFÉDÉRÉS.

« Qu'il soit notoire, aux parties mentionnées ci-dessous, et à tous ceux qui verront les présentes, que son excellence le duc de Romagne d'une part, et de l'autre les Orsini, ainsi que leurs confédérés, désirant mettre fin à des différends, des inimitiés, des mésintelligences et des soupçons qui se sont élevés entre eux, ont résolu ce qui suit :

» Il y aura entre eux paix et alliance véritables et perpétuelles, avec un complet oubli des torts et injures qui peuvent avoir eu lieu jusqu'à ce jour, se promettant réciproquement de n'en conserver aucun ressentiment; et en conformité desdites paix et union, son excellence le duc de Romagne reçoit dans ses confédération, ligue et alliance perpétuelles tous les seigneurs précités ; et chacun

## LES BORGIA.

d'eux promet de défendre les états de tous en général et
de chacun en particulier contre toute puissance qui voudrait les inquiéter ou attaquer pour quelque cause que
ce fût, exceptant toujours néanmoins le pape Alexandre VI et sa Majesté très-chrétienne Louis XII, roi de
France : promettant d'autre part, et dans les mêmes
termes, les seigneurs susnommés de concourir à la défense de la personne et des états de son excellence, ainsi
qu'à celle des illustrissimes seigneurs don Guiffry Borgia,
prince de Squillace, don Roderic Borgia, duc de Sermoneta et de Biselli, et don Jean Borgia, duc de Camerino et de Nepi, tous frères ou neveux de son excellence
le duc de Romagne.

» De plus, comme la rébellion et l'envahissement du
duché d'Urbin et de Camerino sont arrivés pendant les
susdites mésintelligences, tous les confédérés précités et
chacun d'eux s'obligent à concourir de toutes leurs forces
au recouvrement des états ci-dessus et autres places et
lieux révoltés et envahis.

» Son excellence le duc de Romagne s'oblige à continuer, aux Orsini et aux Vitelli, leurs anciens engage-
mens de service militaire et aux mêmes conditions.

» Elle promet, de plus, de n'obliger qu'un d'entre eux, à
leur choix, de servir en personne ; le service que pour
ront faire les autres sera volontaire.

» Elle s'engage aussi à faire ratifier le second traité,
par le souverain pontife, qui ne pourra obliger le cardinal Orsino à demeurer dans Rome qu'autant que cela
conviendrait à ce prélat.

## CRIMES CÉLÈBRES.

» En outre, comme il existe quelques différends entre le pape et le seigneur Jean Bentivoglio, les confédérés précités conviennent qu'ils seront remis à l'arbitrage sans appel du cardinal Orsino, de son excellence le duc de Romagne, et du seigneur Pandolfo Petrucci.

» S'engagent aussi les confédérés précités, tous et chacun d'eux, aussitôt qu'ils en seront requis par le duc de Romagne, à remettre entre ses mains, comme otage, un des fils légitimes de chacun d'eux, et dans le lieu et dans le temps qu'il lui plaira d'indiquer.

» Promettant, de plus, les mêmes confédérés, tous et chacun d'eux, si quelque projet tramé contre l'un d'eux venait à leur connaissance, de l'en avertir et de s'en prévenir tous réciproquement.

» Il est convenu, outre cela, entre les ducs de Romagne et les susdits confédérés, de regarder comme l'ennemi commun quiconque manquerait aux présentes stipulations, et de concourir tous à la ruine des états qui ne s'y conformeraient pas.

» *Signé*, César, Paul Orsino,
» Agapit, *secrétaire*. »

En même temps qu'Orsino reportait aux confédérés le traité rédigé entre lui et le Valentinois, Bentivoglio, ne voulant pas se soumettre à l'arbitrage indiqué, offrait à César de terminer leurs différends par un traité particulier, et lui envoyait son fils pour en rédiger les conditions : après quelques pourparlers, elles furent arrêtées ainsi qu'il suit :

## LES BORGIA.

Bentivoglio détacherait sa fortune de celle des Vitelli et des Orsini ;

Il fournirait pendant huit ans au duc de Valentinois cent hommes d'armes et cent arbalétriers à cheval ;

Il payerait douze mille ducats par année à César pour l'entretien de cent lances.

Moyennant quoi, son fils Annibal épouserait la sœur de l'évêque d'Enna, qui était nièce du duc de Valentinois, et le pape reconnaîtrait sa souveraineté sur Bologne.

Le roi de France, le duc de Ferrare et la république de Florence devaient être les garans de ce traité.

Cependant la convention qu'Orsino reportait aux confédérés éprouvait de leur part de vives difficultés ; Vitellozzo Vitelli surtout, qui était celui qui connaissait le mieux César, ne cessait de répéter aux autres condottieri que cette paix était trop prompte et trop facile pour ne pas cacher quelque piége ; mais comme pendant ce temps le duc de Valentinois avait amassé une armée considérable à Imola, et que les quatre cents lances que lui prêtait Louis XII étaient enfin arrivées, Vitellozzo et Oliverotto se décidèrent à signer le traité apporté par Orsino et à le faire signifier au duc d'Urbin et au seigneur de Camerino, qui, comprenant qu'il leur était désormais impossible de se défendre seuls, se retirèrent l'un à Città di Castello et l'autre dans le royaume de Naples.

Cependant le duc de Valentinois, sans rien dire de ce qu'il comptait faire, se mit en route le 10 décembre, se dirigeant sur Césène avec la puissante armée qu'il avait

## CRIMES CÉLÈBRES.

réunie sous son commandement. Aussitôt tout commença
de s'épouvanter, non seulement en Romagne, mais dans
toute l'Italie septentrionale : Florence, qui le voyait s'é-
loigner d'elle, craignait que cette marche n'eût d'autre
but que de déguiser son intention; et Venise, qui le voyait
s'approcher de ses frontières, avait envoyé toutes ses
troupes sur les rives du Pô. César s'aperçut de cette
crainte, et comme elle pouvait nuire à ses projets en inspirant de la défiance, il congédia en arrivant à Césène
tous les Français qui étaient à son service, à l'exception
de cent hommes d'armes que commandait M. de Candale,
son beau-frère; de sorte qu'il se trouva n'avoir plus autour de lui que deux mille hommes de cavalerie et dix
mille fantassins.

Quelques jours se passèrent en pourparlers, car le duc
de Valentinois avait trouvé dans cette ville des envoyés
des Vitelli et des Orsini, lesquels étaient à la tête de leur
armée dans le duché d'Urbin; mais, dès les premières discussions sur la marche à suivre dans la continuation de
la conquête, il s'éleva de telles difficultés entre le général
en chef et ces agens, qu'ils comprirent eux-mêmes qu'on
ne pouvait rien arrêter par intermédiaires, et qu'une conférence entre César et l'un des chefs était urgente. En conséquence, Oliverotto da Fermo se risqua, et vint joindre
le duc de Valentinois pour lui proposer de marcher sur
la Toscane ou de s'emparer de Sinigaglia, qui était la
dernière place du duché d'Urbin qui ne fût pas re-
tombée au pouvoir de César. César répondit qu'il ne voulait point porter la guerre en Toscane, parce que les Tos-

## LES BORGIA.

cans étaient ses amis; mais qu'il approuvait le projet de
ses lieutenans sur Sinigaglia : en conséquence, il se mit en
marche pour Fano.

Cependant la fille de Frédéric, précédent duc d'Urbin,
qui tenait la ville de Sinigaglia, et qu'on nommait la
préfetesse, parce qu'elle avait épousé Jean de la Rovère,
que son oncle Sixte IV avait nommé préfet de Rome,
jugeant qu'il lui serait impossible de se défendre contre
les forces qu'amenait avec lui le duc de Valentinois,
laissa la citadelle aux mains d'un capitaine, à qui elle recommanda d'obtenir pour la ville les meilleures conditions
possibles, et s'embarqua pour Venise.

Le duc de Valentinois apprit cette nouvelle à Rimini,
par un messager de Vitellozzo et des Orsini, qui lui annonça que le gouverneur de la citadelle, qui avait refusé
de la leur remettre, était tout prêt à traiter avec lui : qu'en
conséquence, ils l'engageaient à se rendre dans cette ville
pour terminer cette affaire. César leur fit répondre qu'en
conséquence de l'avis qu'ils lui donnaient, il renvoyait à
Césène et à Imola une partie de ses troupes, qu'elles
lui étaient inutiles, puisqu'il avait les leurs, qui, réunies
à l'escorte qu'il gardait, seraient suffisantes, n'ayant
point d'autre projet que la pacification complète du duché d'Urbin ; mais que cette pacification était impossible
si ses anciens amis continuaient à se défier de lui, au point
de ne débattre que par des agens intermédiaires des plans
auxquels leur fortune était intéressée, aussi bien que la
sienne. Le messager retourna avec cette réponse vers les
confédérés, qui, tout en sentant la vérité de l'observa-

## CRIMES CÉLÈBRES.

tion de César, n'en hésitèrent pas moins à faire ce qu'il demandait ; Vitellozzo Vitelli surtout montrait contre le duc de Valentinois une défiance que rien ne semblait pouvoir vaincre ; enfin, pressé par Oliverotto, Gravina et Orsino, il consentit à attendre le duc ; mais cela bien plutôt pour ne point paraître à ses compagnons plus timide qu'ils ne l'étaient eux-mêmes, que par l'effet de la confiance qu'il avait dans ce retour d'amitié que manifestait Borgia.

Le duc apprit cette décision, tant désirée par lui, en arrivant à Fano, le 20 décembre 1502. Aussitôt il appela près de lui huit de ses plus fidèles, parmi lesquels étaient MM. d'Enna, son neveu, Michelotto et Ugo de Cardona, et leur ordonna, aussitôt qu'ils seraient arrivés à Sinigaglia, et qu'ils verraient Oliverotto, Gravina, Vitellozzo et Orsino, venir au-devant de lui, d'avoir, comme pour leur faire honneur, à se placer à leur droite et à leur gauche, deux pour un seul, de manière à ce qu'ils pussent, à un signal donné, ou les arrêter ou les poignarder ; puis il désigna à chacun d'eux celui auquel il devait s'attacher, leur recommandant de ne le quitter que lorsqu'il serait entré dans Sinigaglia, et arrivé au logement préparé pour lui ; puis, envoyant des ordres à ceux de ses soldats qui étaient cantonnés dans les environs, il leur fit savoir qu'ils eussent à se rassembler au nombre de huit mille sur les rives du Métaure, petit fleuve de l'Ombrie qui se jette dans la mer Adriatique, et qu'a illustré la défaite d'Asdrubal.

Le duc arriva au rendez-vous donné à son armée le

## LES BORGIA.

31 décembre, et fit partir aussitôt devant lui deux cents hommes de cavalerie, fit marcher l'infanterie immédiatement après elle ; puis, se mit à son tour en route au milieu de ses gens d'armes, suivant le bord de l'Adriatique, et ayant à sa droite les montagnes et à sa gauche la mer, quelquefois si resserrés entre elles, au reste, que l'armée ne pouvait passer à plus de dix hommes de front.

Au bout de quatre heures de marche, le duc, à un tournant du chemin, aperçut Sinigaglia, située à un mille de la mer à peu près, et à un trait de flèche des montagnes ; entre l'armée et la ville coulait une petite rivière, dont il lui fallut quelque temps côtoyer les bords en les descendant ; enfin il trouva un pont jeté en face d'un faubourg de la ville ; là le duc de Valentinois ordonna à sa cavalerie de s'arrêter : elle se plaça sur deux files, l'une entre le chemin et le fleuve, l'autre du côté de la campagne, laissant toute la largeur de la route à l'infanterie, qui défila, passa le pont, et, s'enfonçant dans la ville, alla se mettre en bataille sur la grande place.

De leur côté, Vitellozzo, Gravina, Orsino et Oliverotto, pour faire place à l'armée du duc, avaient cantonné leurs soldats dans de petites villes ou des villages aux environs de Sinigaglia ; Oliverotto seul avait conservé à peu près mille fantassins et cent cinquante cavaliers qui avaient leur caserne dans le faubourg par lequel entrait le duc.

A peine César avait-il fait quelques pas vers la ville, qu'il aperçut à la porte Vitellozzo, le duc de Gravina et Orsino qui venaient au-devant de lui ; les deux derniers

## CRIMES CÉLÈBRES.

assez gais et confians, mais le premier si triste et si abattu,
qu'on eût dit qu'il devinait le sort qui l'attendait ; et sans
doute, en effet, en avait-il eu quelques pressentimens; car,
au moment où il quitta son armée pour venir à Sinigaglia, il lui avait fait ses adieux comme s'il ne devait pas
la revoir, avait recommandé sa famille à ses capitaines,
et avait embrassé ses enfans en versant des larmes ; fai-
blesse qui avait paru étrange à tous de la part d'un si
brave condottiere.

Le duc marcha à eux et leur tendit la main en signe
d'oubli, et avec un air si loyal et si riant, que Gravina et
Orsino ne conservèrent plus aucun doute sur le retour de
son amitié, et qu'il n'y eut que Vitellozzo Vitelli qui demeura dans la même tristesse. Au même instant, et comme
la chose leur avait été recommandée, les affidés du duc
prirent leur place à la droite et à la gauche de ceux qu'ils
devaient surveiller, et qui étaient tous là, à l'exception
d'Oliverotto, que le duc ne voyait pas et commençait à
chercher des yeux avec inquiétude; mais, en traversant le
faubourg, il l'aperçut qui exerçait sa troupe sur la place.
Aussitôt il lui dépêcha don Michel et M. d'Enna, qui étaient
chargés de lui dire qu'il était imprudent de faire sortir
ainsi ses troupes, qui pouvaient se prendre de querelle
avec celles du duc et amener une rixe; que mieux valait,
au contraire, les consigner dans leurs casernes et venir
rejoindre ses compagnons qui étaient près de César. Oliverotto, que son destin entraînait avec les autres, ne fit aucune objection, ordonna à ses soldats de rentrer dans leurs
logemens, et mit son cheval au galop, escorté de chaque

## LES BORGIA.

côté par M. d'Enna et par Michelotto pour rejoindre César. César, dès qu'il le vit, l'appela, lui tendit la main, et continua sa marche vers le palais qui lui était destiné, ayant ses quatre victimes à sa suite.

Arrivé au seuil, César descendit le premier, et, ayant fait signe au chef de ses gens d'armes d'attendre ses ordres, il entra le premier, suivi d'Oliverotto, de Gravina, de Vitellozzo Vitelli et d'Orsino, chacun toujours accompagné de ses deux acolytes; mais à peine eurent-ils monté l'escalier et furent-ils entrés dans la première chambre, que la porte se referma derrière eux, et que César se retourna en disant : — Voilà l'heure ! — C'était le signal convenu. Aussitôt chacun des anciens confédérés fut saisi et renversé, et, le poignard sur la gorge, forcé de rendre ses armes.

En même temps, et tandis qu'on les conduisait dans un cachot, César ouvrit la fenêtre, et, s'avançant sur le balcon, cria au chef de ses gens d'armes : — Allez ! — Le chef était prévenu, il s'élança avec sa troupe vers les casernes où l'on venait de consigner les soldats d'Oliverotto, et ceux-ci, surpris sans défiance et à l'improviste, furent aussitôt faits prisonniers; puis la troupe du duc se mit à piller la ville; et lui, fit appeler Machiavel.

Le duc de Valentinois et l'envoyé de Florence demeurèrent à peu près deux heures enfermés ensemble, et comme Machiavel lui-même raconta le sujet de cette entrevue, nous allons rapporter ses propres paroles :

« Il me fit appeler, dit le légat florentin, et me témoigna, de l'air le plus serein, la joie que lui causait le succès de cette entreprise, dont il m'assura m'avoir parlé la veille ce que je me rappelai, quoique *je n'eusse pas compris alors ce qu'il me voulait dire* ; il s'expliqua ensuite, en termes très-sensés et pleins de la plus vive affection pour notre ville, sur les divers motifs qui lui faisaient désirer votre alliance, désir auquel il espérait que vous répondriez. Il a fini par m'engager à faire trois invitations à vos seigneuries : la première, que vous vous réjouissiez avec lui d'un événement qui faisait disparaître d'un seul coup les mortels ennemis du roi, les siens et les vôtres, et qui détruisait toutes les semences de trouble et de dissensions propres à dévaster l'Italie ; service qui, joint au refus qu'il avait fait aux prisonniers de marcher contre vous, devait exciter votre reconnaissance à son égard ; la seconde, de vous prier de lui donner, dans cette circonstance, une preuve éclatante de votre amitié, en faisant pousser votre cavalerie vers Borgo, et en y rassemblant des troupes de pied, afin de pouvoir, selon le besoin, marcher avec lui sur Castello ou sur Pérouse. Il désire enfin, et c'est la troisième chose qu'il réclame de vous, que vous fassiez arrêter le duc d'Urbin, s'il se réfugiait de Castello sur vos terres, en apprenant la détention de Vitellozzo. Comme je lui objectais qu'il ne serait point de la dignité de la république de le lui livrer, et que vous n'y consentiriez jamais, il approuva mon observation, et me dit qu'il suffisait que vous le retinssiez et ne lui rendissiez pas la liberté sans sa participation. J'ai promis à son excellence de vous mander tout ceci, dont elle attend la réponse. »

La même nuit, huit hommes masqués descendirent

## LES BORGIA.

dans le cachot où étaient les prisonniers, qui crurent alors
que l'heure fatale était venue pour tous. Mais les bourreaux n'avaient à faire pour le moment qu'à Vitellozzo
Vitelli et à Oliverotto. Lorsqu'on signifia à ces deux
capitaines leur condamnation, Oliverotto éclata en re-
proches contre Vitellozzo Vitelli, lui disant que c'était
lui qui était cause qu'il avait pris les armes contre le duc;
quant à Vitellozzo Vitelli, la seule chose qu'il dit, fut
qu'il priait le pape de lui accorder indulgence plénière
pour tous ses péchés. Alors, les hommes masqués les
firent sortir tous deux, laissant Orsino et Gravina attendre à leur tour un sort pareil, et emmenèrent ces élus
de la mort dans un lieu écarté, en dehors des remparts
de la ville, où ils furent étranglés, et où on les enterra
aussitôt dans deux fosses creusées d'avance à cet effet.

Les deux autres avaient été gardés vivans jusqu'à ce
qu'on sût si le pape avait, de son côté, fait arrêter le cardinal Orsino, l'archevêque de Florence et le seigneur de
Sainte-Croix : aussi, dès qu'on eut reçu de sa Sainteté la réponse affirmative, Gravina et Orsino, qui avaient été trans-
férés au château de la Pièvre, furent étranglés à leur tour.

Quant au duc, après avoir laissé ses instructions à Michelotto, il était parti de Sinigaglia aussitôt la première
exécution faite, en assurant à Machiavel qu'il n'avait
jamais eu d'autre pensée que celle de rendre la tranquillité à la Romagne et à la Toscane, et qu'il croyait y avoir
réussi par la prise et la mort de ceux-là qui étaient la
cause de tous les troubles, et que, quant aux autres révoltes
qui pourraient avoir lieu désormais, ce ne seraient plus

## CRIMES CÉLÈBRES.

que des étincelles qu'une goutte d'eau pourrait éteindre.

Le pape eut à peine appris que César tenait ses ennemis entre ses mains, que, pressé à son tour de gagner la même partie, il fit annoncer au cardinal Orsino, quoiqu'il fût minuit, que son fils s'était emparé de Sinigaglia, et qu'il l'invitait à venir le lendemain dès le matin causer avec lui de cette bonne nouvelle. Le cardinal, enchanté de cet accroissement de faveur, n'eut garde de manquer au rendez-vous donné. En conséquence, dès le matin, il monta à cheval pour se rendre au Vatican ; mais, au détour de la première rue, il rencontra le gouverneur de Rome avec un détachement de cavalerie qui se félicita du hasard qui leur faisait faire même route, et l'accompagna jusqu'au seuil du Vatican ; là le cardinal mit pied à terre, et commença de monter l'escalier, mais à peine fut-il au premier pallier, que déjà ses mules et ses équipages étaient saisis et enfermés dans les écuries du palais. De son côté, en entrant dans la salle du Perroquet, il se trouva, ainsi que toute sa suite, environné d'hommes armés, qui le conduisirent à une autre salle qu'on appelait la salle du Vicaire, et où il trouva l'abbé Alviano le protonotaire Orsino, Jacques Santa-Croce, et Rinaldo Orsino, qui étaient prisonniers comme lui ; en même temps le gouverneur recevait l'ordre de s'emparer du château de Monte-Giardino qui appartenait aux Orsini, et d'en enlever tous les bijoux, toutes les tentures, tous les meubles et toute l'argenterie qui s'y trouveraient.

Le gouverneur s'acquitta en conscience de cette commission, et apporta au Vatican tout ce dont il s'était

## LES BORGIA.

emparé, jusqu'au livre de comptes du cardinal. En consultant ce livre, le pape s'aperçut de deux choses : l'une, qu'une somme de deux mille ducats était due au cardinal, sans qu'il y eût le nom du débiteur, et l'autre, que le cardinal avait acheté, trois mois auparavant, pour quinze cents écus romains, une magnifique perle qui ne se retrouvait point parmi les objets qui étaient en son pouvoir : en conséquence, il ordonna qu'à compter de cette heure, et jusqu'au moment où cette négligence dans les comptes du cardinal serait réparée, les hommes qui lui apportaient deux fois par jour à manger, de la part de sa mère, n'entreraient plus au château Saint-Ange. Le même jour, la mère du cardinal envoya au pape les deux mille ducats, et le lendemain, sa maîtresse vint, sous des habits d'homme, apporter elle-même la perle réclamée. Mais sa Sainteté, émerveillée de sa beauté sous ce costume, la lui laissa, à ce qu'on assure, pour le même prix qu'elle l'avait payée une première fois.

Quant au cardinal, le pape permit qu'on lui apportât, comme par le passé, sa nourriture, de sorte qu'il mourut empoisonné le 22 février, c'est-à-dire le surlendemain du jour où ses comptes avaient été réglés.

Le soir de sa mort, le prince de Squillace se mit en route pour prendre possession, au nom du pape, des terres du défunt.

Cependant le duc de Valentinois avait continué sa route vers Città di Castello et Pérouse, et s'était emparé de ces deux villes sans coup férir; car les Vitelli s'étaient enfuis de la première, et Jean-Paul Baglione avait aban-

## CRIMES CÉLÈBRES.

donné la seconde sans même essayer de faire résistance. Restait encore Sienne, où s'était enfermé Pandolfo Petrucci, le seul qui restât de tous ceux qui avaient signé la ligue contre lui.

Mais Sienne était sous la protection des Français. En outre, Sienne n'était pas des États de l'Église, et César n'avait aucun droit sur elle. Il se contenta donc d'exiger que Pandolfo Petrucci quittât la ville et se retirât à Lucques, ce qui fut exécuté.

Alors, tout étant tranquille de ce côté et la Romagne entière étant soumise, César Borgia résolut de retourner à Rome, pour aider le pape à se défaire de ce qui restait des Orsini.

La chose était d'autant plus facile, que Louis XII, ayant éprouvé des revers dans le royaume de Naples, avait désormais trop à s'occuper de ses propres affaires pour s'inquiéter de celles de ses alliés. Aussi César, faisant pour les environs de la capitale du saint-siége ce qu'il venait de faire pour la Romagne, s'empara-t-il successivement de Vicovaro, de Cera, de Palombera, de Lanzano et de Cervetti ; de sorte que, cette conquête achevée, César, n'ayant plus rien à faire et ayant soumis les États pontificaux depuis les frontières de Naples jusqu'à celles de Venise, revint à Rome, pour concerter avec son père les moyens de convertir son duché en royaume.

César y arriva tout juste pour partager avec Alexandre la succession du cardinal Jean Michel, qui venait de mourir empoisonné par un échanson qu'il avait pris des mains du pape.

## LES BORGIA.

Le futur roi d'Italie trouva son père préoccupé d'une grande spéculation : il avait, pour la solennité de la Saint-Pierre, résolu de faire neuf cardinaux. Or, voilà ce qu'il avait à gagner à cette nomination :

D'abord, les cardinaux nommés laissaient tous des charges vacantes : ces charges retombaient entre les mains du pape, qui les vendait.

Chacun des nouveaux élus achetait son élection plus ou moins cher, selon sa fortune ; le prix, laissé au caprice du pape, variait de dix mille à quarante mille ducats.

Enfin, comme, devenus cardinaux, ils avaient, d'après la loi, perdu le droit de tester, le pape n'avait qu'à les empoisonner pour hériter d'eux ; ce qui le mettait dans la position du boucher qui, lorsqu'il a besoin d'argent, n'a qu'à égorger le mouton le plus gras de son troupeau.

La nomination eut lieu : les nouveaux cardinaux furent Giovanni Castellar Valentino, archevêque de Trani ; Francesco Remolino, ambassadeur du roi d'Aragon ; Francesco Soderini, évêque de Volterra ; Melchior Copis, évêque de Brissina ; Nicolas Fiesque, évêque de Fréjus ; Francesco de Sprate, évêque de Leome ; Adriano Castellense, clerc de la chambre, trésorier général et secrétaire des brefs ; Francesco Loris, évêque d'Elva, patriarche de Constantinople et secrétaire du pape ; et Giacomi Casanova, protonotaire et camérier secret de sa Sainteté.

Le prix de leur simonie payé et les charges qu'ils avaient laissées vacantes vendues, le pape fit son choix

## CRIMES CÉLEBRES.

sur ceux qu'il devait empoisonner; le nombre fut fixé à trois, un ancien et deux nouveaux; l'ancien était le cardinal Casanova, et les nouveaux messeigneurs Melchior Copis et Adriano Castellense, qui avait pris le nom d'Adrien de Corneto de cette ville où il était né, et qui, dans ses charges de clerc de la chambre, de trésorier général et de secrétaire des brefs, avait amassé une immense fortune.

En conséquence, ces choses arrêtées entre César et le pape, ils firent inviter ceux qu'ils avaient choisis pour être leurs convives à venir souper dans une vigne située près du Vatican, et qui appartenait au cardinal de Corneto; dès le matin de ce jour, qui était le 2 août, ils avaient envoyé leurs serviteurs et leur maître-d'hôtel faire tous les préparatifs, et César avait remis lui-même au sommelier de sa Sainteté deux bouteilles de vin préparé avec cette poudre blanche qui ressemblait à du sucre, et dont il avait si souvent éprouvé les propriétés mortelles, lui recommandant de ne servir ce vin que lorsqu'il le lui dirait et qu'aux personnes qu'il lui indiquerait[1] : à cet effet, le sommelier avait mis le vin sur un buffet à part, recommandant sur toute chose aux valets de ne point y toucher, ce vin étant réservé pour le pape.

Vers le soir, Alexandre VI sortit à pied du Vatican, appuyé sur le bras de César, et se dirigea vers la vigne, accompagné du cardinal Caraffa; mais, comme la chaleur était grande et la montée un peu rude, le pape, en arrivant sur la plate-forme, s'arrêta un instant pour reprendre haleine; à peine y était-il, qu'en portant la main

## LES BORGIA.

sur sa poitrine, il s'aperçut qu'il avait oublié dans sa chambre à coucher une chaîne qu'il avait l'habitude de porter au cou, et à laquelle pendait un médaillon d'or où était enfermée une hostie consacrée. Cette habitude lui venait d'une prédiction qu'un astrologue lui avait faite, que tant qu'il porterait une hostie consacrée, ni le fer ni le poison ne pourraient avoir prise sur lui : se voyant donc séparé de son talisman, il ordonna à monseigneur Caraffa de courir à l'instant même au Vatican, lui indiquant dans quel endroit de sa chambre il l'avait laissé, afin qu'il l'y prît et le lui apportât sans retard. Puis, comme la marche l'avait altéré, tout en faisant signe de la main à son envoyé de hâter le pas, il se retourna vers un valet, et lui demanda à boire; César, qui, de son côté aussi, était altéré, lui commanda d'apporter deux verres.

Or, par un hasard étrange, il était arrivé que le sommelier venait de retourner au Vatican pour y prendre des pêches magnifiques dont on avait fait le jour même cadeau au pape, et qu'il avait oublié d'apporter avec lui; le valet s'adressa donc au sous-sommelier, lui disant que sa Sainteté et monseigneur le duc de Romagne avaient soif et demandaient à boire. Alors le sous-sommelier, voyant deux bouteilles de vin à part, et ayant entendu dire que ce vin était réservé au pape, prit une des bouteilles, et faisant porter par le valet deux verres sur un plateau, leur versa de ce vin qu'ils burent l'un et l'autre sans se douter que c'était celui qu'ils avaient préparé eux-mêmes pour empoisonner leurs convives.

## CRIMES CÉLÈBRES.

Pendant ce temps monseigneur Caraffa courait au Vatican, et, comme il était familier au palais, montait à la chambre du pape, une lumière à la main et sans être accompagné d'aucun domestique, au tournant d'un corridor le vent souffla la lumière; néanmoins, renseigné comme il l'était, il continua sa route, pensant qu'il n'avait pas besoin d'y voir pour trouver l'objet qu'il venait chercher; mais en ouvrant la porte de la chambre, le messager recula d'un pas en jetant un cri de terreur; une vision terrible venait de lui apparaître : il lui semblait avoir devant les yeux, au milieu de la chambre, entre la porte et le meuble où était le médaillon d'or, Alexandre VI, immobile et livide, couché dans une bière, aux quatre coins de laquelle brûlaient quatre flambeaux. Le cardinal resta un instant les yeux fixes et les cheveux hérissés, n'ayant point la force d'aller ni en avant ni en arrière ; mais, pensant enfin que tout cela était un prestige de ses sens ou une apparition infernale, il fit le signe de la croix en invoquant le saint nom de Dieu : tout s'évanouit aussitôt, flambeaux, bière, cadavre, et la chambre mortuaire rentra dans l'obscurité.

Alors le cardinal Caraffa, celui-là qui a raconté lui-même cet étrange événement et qui fut depuis le pape Paul IV, entra·résolument dans la chambre, et, quoiqu'une sueur glacée lui coulât sur le front, il alla droit au meuble, et dans le tiroir indiqué ayant trouvé la chaîne d'or et le médaillon, il les prit et sortit précipitamment pour les aller reporter au pape. Il trouva le souper servi, les convives arrivés et sa Sainteté prête à se mettre à table :

## URBAIN GRANDIER.

simulait pas son mépris ; enfin son éloquence avait attiré
à ses sermons presque tous les auditeurs des autres com-
munautés religieuses, et surtout ceux des ordres men-
dians qui jusque alors avaient obtenu à Loudun la palme
de la prédication. C'était plus qu'il n'en fallait, comme
nous l'avons dit, pour donner prétexte à l'envie et pour
que l'envie se changeât bientôt en haine : ce fut ce qui
arriva.

On connaît la médisante oisiveté des petites villes et
le mépris irascible du vulgaire pour tout ce qui le dé-
passe et le domine. Urbain, par ses qualités supérieures,
était fait pour un plus grand théâtre ; mais il se trouva
renfermé à l'étroit, manquant d'air et d'espace, entre les
murailles d'une petite ville, de sorte que tout ce qui eût
concouru à sa gloire à Paris devint à Loudun la cause de
sa perte.

Malheureusement pour Urbain, son caractère, loin de
lui faire pardonner son génie, devait augmenter encore la
haine qu'il inspirait : Urbain, avec ses amis, d'un com-
merce doux et agréable, était envers ses ennemis railleur, froid et hautain ; inébranlable dans les résolutions
qu'il avait prises, jaloux du rang auquel il était arrivé,
et qu'il défendait comme une conquête, intraitable sur
ses intérêts, quand il avait le droit pour lui, il repoussait
les attaques et les injures avec une raideur qui, de ses adversaires d'un moment, lui faisait bientôt des ennemis de
toute la vie.

Le premier exemple qu'Urbain donna de cette in-
flexibilité fut en 1620, à l'occasion d'un procès qu'il

## CRIMES CÉLÈBRES.

gagna, à peine établi, contre un prêtre nommé Meunier, et dont il fit exécuter le jugement avec tant de rigueur, que celui-ci en conserva contre lui un ressentiment qu'il fit éclater en toute occasion.

Un second procès qu'il eut à soutenir contre le chapitre de Sainte-Croix, au sujet d'une maison que ce chapitre lui disputait et qu'il gagna, comme le premier, lui donna l'occasion de déployer de nouveau cette rigide application du droit; malheureusement, le fondé de pouvoirs du chapitre qui avait perdu, et qui jouera un grand rôle dans la suite de cette histoire, était un chanoine de la collégiale de Sainte-Croix, directeur du couvent des Ursulines: c'était un homme à passions vives, vindicatif et ambitieux, trop médiocre pour arriver jamais à une haute position, et cependant trop supérieur, dans sa médiocrité, à tout ce qui l'entourait, pour se contenter de la position secondaire qu'il avait prise: aussi hypocrite qu'Urbain était franc, il avait la prétention d'obtenir, partout où son nom serait connu, la réputation d'un homme d'une haute piété, et, pour y parvenir, affectait tout l'ascétisme d'un anachorète et toute la rigidité d'un saint. Très-versé, au reste, dans les matières bénéficiales, il avait regardé comme une humiliation personnelle la perte d'un procès dont il s'était chargé, et du succès duquel il avait en quelque sorte répondu; si bien que, lorsque Urbain triompha et usa de ses avantages avec la même rigueur qu'il avait fait à l'égard de Meunier, il compta dans Mignon un second ennemi, non seulement plus acharné, mais encore plus dangereux que le premier.

## URBAIN GRANDIER.

Sur ces entrefaites, et à propos de ce procès, il arriva qu'un individu nommé Barot, oncle de Mignon, et par conséquent son partner, se prit de discussion avec Urbain; comme c'était un homme plus que médiocre, Urbain n'eut pour l'écraser qu'à laisser tomber de sa hauteur quelques-unes de ces dédaigneuses réponses qui impriment des stigmates comme un fer brûlant; mais cet homme médiocre était fort riche, n'avait point d'enfans, possédait à Loudun une parenté très-nombreuse, préoccupée sans cesse de lui faire la cour pour trouver place en son testament; de sorte que l'insultante raillerie, tout en tombant sur Barot, éclaboussa bon nombre de personnes qui, prenant part à sa querelle, augmentèrent encore les adversaires d'Urbain.

Vers le même temps un événement plus grave arriva : parmi ses pénitentes les plus assidues, Urbain comptait une jeune et jolie personne, fille du procureur du roi, Trinquant, lequel était aussi oncle du chanoine Mignon : or il advint que cette jeune fille tomba dans un état de langueur qui la força de garder la chambre : elle fut soignée pendant cette maladie par une de ses amies nommée Marthe Pelletier, qui, renonçant tout-à-coup aux sociétés qu'elle fréquentait, poussa le dévouement jusqu'à s'enfermer avec elle; mais, lorsque Julie Trinquant fut guérie et qu'elle reparut dans le monde, on apprit que, pendant sa retraite, Marthe Pelletier était accouchée d'un enfant qu'elle avait fait baptiser et qu'elle avait mis en nourrice. Cependant, par une de ces bizarreries étranges qui lui sont si familières, le public prétendit que la véritable mère n'était point celle qui s'était déclarée, et le bruit se répandit qu'à prix d'argent Marthe Pelletier avait vendu sa réputation à son amie : quant au père, on avait encore moins de doute sur ce point, et la clameur publique, habilement soufflée, désigna Urbain

Alors Trinquant, instruit des bruits qui couraient sur le compte de sa fille, prit sur lui, en sa qualité de procureur du roi, de faire arrêter et conduire en prison Marthe Pelletier ; là elle fut interrogée sur le compte de l'enfant, soutint qu'elle en était la mère, fit la soumission de l'élever, et comme il pouvait y avoir faute, mais non pas crime, Trinquant fut obligé de la relâcher, sans que cet abus de justice eût eu d'autres suites que de rendre l'affaire plus scandaleuse, et d'enfoncer davantage le public dans la conviction qu'il s'était faite.

Ainsi, jusque alors, soit protection du ciel, soit supériorité de la part d'Urbain Grandier, tout ce qui s'était attaqué à lui avait été battu ; mais chacune de ses victoires augmentait le nombre de ses ennemis : bientôt il fut si grand, que tout autre homme qu'Urbain en eût été effrayé, et se fût mis en mesure ou de les calmer ou de se prémunir contre leur vengeance ; mais Urbain, dans son orgueil, dans son innocence peut-être, méprisa tous les conseils que ses plus dévoués lui donnèrent, et continua de marcher dans la voie qu'il avait suivie par le passé.

Jusque alors les attaques portées contre Urbain avaient été individuelles et séparées ; ses ennemis attribuèrent leur insuccès à cette cause, et résolurent de se réunir pour l'écraser : en conséquence, une convocation eut lieu

## URBAIN GRANDIER.

chez **Barot** ; elle devait se composer de Meunier, de Trinquant et de Mignon ; ce dernier amena avec lui un nommé Menuau, avocat du roi, son intime ami, et que cependant un autre motif que cette amitié faisait encore agir : Menuau était amoureux d'une femme dont il n'avait jamais pu rien obtenir, et il se figurait que cette indifférence et ce mépris qu'elle lui témoignait avaient pour cause la passion que lui avait inspirée Urbain. Le but de cette réunion était de chasser l'ennemi commun du pays de Loudenois.

Cependant Urbain veillait avec un si grand soin sur lui-même, qu'on ne pouvait lui reprocher réellement que le plaisir qu'il paraissait prendre dans la société des femmes, qui, de leur côté et avec ce tact que possèdent les plus médiocres, voyant un prêtre jeune, beau et éloquent, le choisissaient de préférence pour leur directeur. Comme cette préférence avait déjà blessé bon nombre de pères et de maris, on convint que ce serait sur ce point, le seul où il fût vulnérable, que l'on attaquerait Grandier. En effet, dès le lendemain de cette décision, tous les bruits vagues qui depuis long-temps déjà s'étaient répandus commencèrent à prendre quelque consistance ; on parla, sans la nommer, d'une demoiselle de la ville, qui serait, disait-on, malgré les fréquentes infidélités qu'il lui faisait, sa maîtresse dominante ; bientôt on raconta que cette jeune personne ayant eu des scrupules de conscience à l'égard de cette liaison, Grandier les avait apaisés par un sacrilége ; ce sacrilége était un mariage **qu'il aurait contracté** avec elle pendant la nuit, et dans

## CRIMES CÉLÈBRES.

lequel il aurait été à la fois le prêtre et le marié ; plus ces bruits touchaient à l'absurde, plus ils obtinrent de croyance : bientôt personne ne douta plus à Loudun que la chose ne fût vraie ; et cependant il était, chose étonnante dans une aussi petite ville, impossible de nommer cette étrange épouse qui n'avait pas craint de contracter mariage avec un prêtre du Seigneur.

Quelle que fût la force d'âme de Grandier, il ne pouvait se dissimuler sur quel terrain mouvant il avait mis le pied ; il sentait que la calomnie rampait sourdement autour de lui, et ne se dissimulait pas que, lorsqu'elle l'aurait bien enveloppé de tous ses replis, elle lèverait un jour sa tête infâme, et que de ce jour-là commencerait entre lui et elle la véritable lutte ; mais dans ses principes faire un pas en arrière, était avouer qu'il était coupable : d'ailleurs, peut-être était-il déjà trop tard pour reculer ; il continua donc d'aller en avant, toujours inflexible, railleur et hautain.

Parmi les personnes qui avaient accrédité avec le plus d'acharnement les bruits les plus injurieux à la réputation d'Urbain, était un nommé Duthibaut, important de province, esprit-fort de petite ville, oracle de tout ce qui était médiocre et vulgaire ; les propos tenus par lui revinrent à Urbain ; il apprit que chez M. le marquis de Bellay cet homme avait parlé de lui en termes peu mesurés ; et comme un jour, revêtu des habits sacerdotaux, il était prêt à entrer à l'église de Sainte-Croix pour y assister aux offices, il le rencontra sous le porche même de l'église, et lui fit, avec sa hauteur et son mépris ac-

## URBAIN GRANDIER.

coutumés, reproche de ses calomnies, celui-ci, habitué
par sa fortune et par l'influence qu'il avait prise sur les
esprits infimes, auxquels il paraissait un homme supérieur,
à tout dire et à tout faire impunément, ne put supporter
cette réprimande publique, et ayant levé sa canne, il en
frappa Urbain.

L'occasion fournie à Grandier de se venger de ses ennemis était trop belle pour qu'il n'en profitât point; mais,
jugeant avec raison qu'il n'obtiendrait pas justice s'il s'a-
dressait aux autorités du pays, quoique le respect dû
au culte religieux fût compromis dans cette affaire, il
prit le parti d'aller se jeter aux pieds du roi Louis XIII,
qui daigna l'écouter, et qui, voulant que l'outrage fait
à un ministre de la religion, revêtu des habits sacerdotaux, fût vengé, renvoya l'affaire au parlement pour
être le procès fait et parfait à Duthibaut.

Alors les ennemis d'Urbain jugèrent qu'il n'y avait
point de temps à perdre, et profitèrent de son absence
pour faire porter de leur côté une plainte contre lui ;
deux misérables, nommés Cherbonneau et Bugrean, con-
sentirent à se porter délateurs devant l'official de Poitiers :
ils accusèrent Grandier d'avoir débauché des femmes et
des filles, d'être impie et profane, de ne jamais dire son
bréviaire, et de changer le sanctuaire en un lieu de dé-
bauche et de prostitution. L'official reçut la plainte,
nomma Louis Chauvet lieutenant-civil, et avec lui l'archiprêtre de Saint-Marcel et du Loudenois, pour en informer ;
de sorte qu'au moment où Urbain poursuivait à Paris contre
Duthibaut, on informait à Loudun contre lui-même.

## CRIMES CÉLÈBRES.

Cette information se poursuivait avec toute l'activité de la vengeance religieuse : Trinquant déposa comme témoin, et entraîna après lui plusieurs autres dépositions ; au reste, celles qui ne furent point faites selon les désirs des instructeurs furent falsifiées ou omises. Il en résulta que l'information, présentant des charges graves, fut renvoyée à l'évêque de Poitiers, auprès duquel les accusateurs de Grandier avaient des amis très-puissans. D'ailleurs l'évêque avait lui-même un grief personnel contre lui : Urbain avait donné, dans un cas urgent, une dispense de publication de mariage ; de sorte que l'évêque, déjà prévenu, trouvant dans l'instruction, toute superficielle qu'elle était, des charges suffisantes, rendit contre Urbain un décret de prise de corps conçu en ces termes :

« Henri-Louis Chataignier de la Rochepezai, par misération divine évêque de Poitiers, vu les charges et informations à nous rendues par l'archiprêtre de Loudun, faites à l'encontre de Urbain Grandier, prêtre curé de Saint-Pierre du Marché de Loudun, en vertu de commissions émanées de nous audit archiprêtre, et en son absence au prieur de Chassaignes ; vu aussi les conclusions de notre promoteur sur icelles ; avons ordonné et ordonnons que Urbain Grandier, accusé, soit amené sans scandale ès prisons de notre hôtel épiscopal de Poitiers, si pris et appréhendé peut être, sinon sera ajourné à son domicile à trois briefs jours par le premier appariteur prêtre ou clerc tonsuré, et d'abondant par le premier sergent royal, sur ce requis avec imploration du bras séculier, et auxquels et à l'un d'iceux donnons pouvoir de ce faire et man-

## URBAIN GRANDIER.

dement, nonobstant oppositions ou appellations quelconques pour ce fait ; et ledit Grandier ouï, prendre par notre promoteur telles conclusions à l'encontre de lui qu'il verra l'avoir à faire.

» Donné à Dissai le 22e jour d'octobre 1629 ; ainsi signé en l'original.

»HENRI-LOUIS, évêque de Poitiers. »

Grandier, comme nous l'avons dit, était à Paris lorsque ce décret fut prononcé contre lui : il y poursuivait devant le parlement sa plainte contre Duthibaut, lorsque celui-ci, qui avait reçu le décret avant que Grandier eût même appris qu'il était rendu, après s'être défendu par le tableau des mœurs scandaleuses du curé, produisit à l'appui de ses assertions la pièce terrible dont il était porteur. La cour, ne sachant plus alors que penser de ce qui se passait devant elle, ordonna qu'avant de faire droit à la plainte de Gandier, celui-ci se retirerait par-devant son évêque pour se justifier des accusations portées contre lui : Grandier quitta aussitôt Paris, arriva à Loudun, n'y resta que quelques instans pour prendre connaissance de l'affaire, et se rendit immédiatement à Poitiers pour se mettre en état d'y répondre. Mais il y était arrivé à peine, qu'il fut arrêté par un huissier nommé Chatry, et conduit dans la prison de l'évêché.

On était au 15 novembre, cette prison était froide et humide, et cependant Grandier ne put obtenir qu'on le transférât dans une autre : dès ce moment il vit que ses ennemis étaient encore plus puissans qu'il ne le croyait,

## CRIMES CÉLÈBRES.

et prit patience; il resta ainsi deux mois, pendant lesquels ses meilleurs amis eux-mêmes le crurent perdu; si bien que Duthibaut riait des poursuites dont il se croyait déjà débarrassé, et que Barot avait déjà présenté un de ses héritiers nommé Ismaël Boulieau pour remplacer Urbain dans ses bénéfices.

Le procès se poursuivait à frais communs, les riches payant pour les pauvres; car, comme l'instruction se faisait à Poitiers, et que les témoins demeuraient à Loudun, le déplacement d'un aussi grand nombre de personnes nécessitait des frais considérables; mais le désir de la vengeance fut plus grand que l'avarice: chacun fut taxé selon sa fortune, paya sa taxe, et l'instruction fut achevée au bout de deux mois.

Cependant, quelque soin qu'on y eût mis, pour rendre cette instruction la plus fatale qu'il serait possible à celui qu'elle compromettait, le principal chef ne put être prouvé: on accusait Urbain d'avoir débauché des femmes et des filles; mais on ne nommait ni ces femmes ni ces filles; on ne produisit point de parties qui se plaignissent: tout reposait sur le bruit public, rien ne reposait sur un fait; c'était un de ces procès les plus étranges qui se fussent jamais vus. Néanmoins jugement fut rendu le 3 de janvier 1630; par ce jugement Grandier fut condamné à jeûner au pain et à l'eau, par pénitence, tous les vendredis pendant trois mois, interdit *à divinis* dans le diocèse de Poitiers pendant cinq ans, et dans la ville de Loudun pour toujours.

On appela des deux côtés de cette sentence : Grandier

## URBAIN GRANDIER.

en appela à l'archevêque de Bordeaux, et ses adversaires,
sous le nom du promoteur de l'officialité, en appelèrent
comme d'abus au parlement de Paris; ce dernier appel
était fait pour surcharger Grandier, et le courber sous la
peine; mais Grandier avait en lui-même une force qui se
mesurait à l'attaque : il fit face à tout ; et, se pourvoyant,
il fit plaider l'appel au parlement, tandis qu'il restait sur
les lieux pour poursuivre en personne son appel auprès
de l'archevêque de Bordeaux. Mais comme il s'agissait
d'entendre un grand nombre de témoins, et que le déplacement à une si grande distance devenait presque impossible, la cour renvoya la connaissance de l'affaire au présidial de Poitiers. Le lieutenant criminel de Poitiers in-
struisit donc à nouveau ; mais cette nouvelle instruction,
faite avec impartialité, ne fut point favorable aux accusateurs : il se trouva des contradictions dans les témoins qui
tentèrent de persister ; il y en eut d'autres qui avouèrent
ingénument qu'ils avaient été gagnés ; d'autres enfin
déclarèrent qu'on avait falsifié leurs dépositions, et du
nombre de ces derniers étaient un prêtre nommé Méchin et
ce même Ismaël Boulieau que Trinquant s'était empressé
de présenter comme prétendant aux bénéfices d'Urbain
Grandier. La déclaration de Boulieau a été perdue; mais
voici celle de Méchin, qui s'est conservée intacte et telle
qu'elle est sortie de sa plume :

« Je Gervais Méchin, prêtre vicaire de l'église de Saint-
Pierre au marché de Loudun, certifie, par la présente écrite
et signée de ma main, pour la décharge de ma conscience
sur certain bruit qu'on fait courir qu'en l'information faite

## CRIMES CÉLÈBRES.

par Gilles Robert, archiprêtre, contre Urbain Grandier, prêtre curé de Saint-Pierre, en laquelle information ledit Robert me sollicita de déposer que j'avais dit que j'avais trouvé ledit Grandier couché avec des femmes et filles tout de leur long dans l'église de Saint-Pierre, les portes étant fermées.

» Item, que plusieurs et diverses fois, à heures indues de jour et de nuit, j'avais vu des filles et des femmes venir trouver ledit Grandier en sa chambre, et quelques-unes desdites femmes y demeuraient depuis une heure après midi jusqu'à deux ou trois heures après minuit, et y faisaient apporter leur souper par leurs servantes, qui se retiraient incontinent.

» Item, que j'ai vu ledit Grandier dans l'église, les portes ouvertes, et quelques femmes y étant entrées, il les fermait : désirant que tels bruits ne continuent davantage, je déclare par ces présentes que je n'ai jamais vu ni trouvé ledit Grandier avec des femmes et des filles dans l'église, les portes étant fermées, ni seul avec elles ; ainsi lorsqu'il a parlé à elles, elles étaient en compagnie, les portes toutes ouvertes ; et pour ce qui est de la posture, je pense avoir assez éclairci par ma confrontation que ledit Grandier était assis et les femmes assez éloignées les unes des autres ; comme aussi je n'ai jamais vu entrer femmes ni filles dans la chambre dudit Gaudier de jour ni de nuit : bien est vrai que j'ai entendu aller et venir du monde au soir bien tard ; mais je ne puis dire qui c'est, attendu qu'il couchait toujours un frère dudit Grandier proche de sa chambre, et n'ai connaissance que ni

## URBAIN GRANDIER.

femmes ni filles y aient fait porter leur souper ; je n'ai
non plus déposé ne lui avoir jamais vu dire son bréviaire,
parce que ce serait contre vérité, d'autant que diverses
fois il m'a demandé le mien, lequel il prenait et disait ses
heures ; et semblablement déclare ne lui avoir jamais vu
fermer les portes de l'église, et qu'en tous les devis que
je lui ai vu avoir avec des femmes, je n'ai jamais vu aucune chose déshonnête, non pas même qu'il leur touchât
en aucune façon, mais seulement parlaient ensemble, et
que s'il se trouve en ma déposition quelque chose contraire à ce que dessus, c'est contre ma conscience, et ne
m'en a été faite lecture, pour ce que je ne l'eusse signée : ce que je dis et affirme pour rendre hommage à la
vérité.

» Fait le dernier jour d'octobre 1630.

» *Signé* G. Méchin. »

En face de pareilles preuves d'innocence, il n'y avait
pas d'accusation qui pût tenir ; aussi, par jugement du
présidial de Poitiers, en date du 25 mai 1631, Grandier fut renvoyé absous, quant à présent, de la plainte
portée contre lui. Cependant il lui restait encore à comparaître devant le tribunal de l'archevêque de Bordeaux,
qui était saisi de son appel, afin d'y obtenir sa justification. Grandier profita du moment où ce prélat venait
visiter son abbaye de Saint-Jouin-les-Marmes, située
seulement à trois lieues de Loudun, pour se pourvoir devant lui : ses ennemis, découragés par le résultat du pro-

## CRIMES CÉLÈBRES.

cès au présidial de Poitiers, se défendirent à peine, et
l'archevêque, après une nouvelle instruction, qui jeta encore un jour plus éclatant et plus pur sur l'innocence de
l'accusé, rendit une sentence d'absolution.

Cette réhabilitation poursuivie par Grandier sous les
yeux de son évêque avait eu pour lui deux résultats im-
portans : le premier de faire éclater son innocence, le second de faire ressortir sa haute instruction et les qualités élevées qui en faisaient un homme si supérieur :
aussi l'archevêque, qui en voyant les persécutions auxquelles il était en butte, s'était pris d'un grand intérêt
pour Urbain, lui conseilla-t-il de permuter ses bénéfices
et de s'éloigner d'une ville dont les principaux habitans
paraissaient lui avoir voué une haine si acharnée ; mais
une telle capitulation avec son droit n'était point dans le
caractère d'Urbain : il déclara à son supérieur que, fort
de sa protection et des témoignages de sa conscience, il
resterait à l'endroit où Dieu l'avait placé. Alors monseigneur de Sourdis n'avait point cru devoir insister davantage ; seulement, comme il s'était aperçu que si Urbain
devait tomber un jour, c'était comme Satan, par l'orgueil,
il avait inséré dans le jugement une phrase par laquelle
il lui recommandait *de bien et modestement se comporter
en sa charge suivant les saints décrets et constitutions ca-
noniques.* Nous avons vu, par la rentrée triomphale d'Urbain dans la ville de Loudun, comment il s'était con-
formé à cette recommandation.

Cependant Urbain Grandier ne se borna point à cette
orgueilleuse démonstration, qui fut blâmée de ses amis

## URBAIN GRANDIER.

eux-mêmes, et au lieu de laisser éteindre, ou du moins reposer les haines soulevées contre lui, en ne récriminant point sur le passé, il reprit avec plus d'activité que jamais sa poursuite contre Duthibaut, et la poussa si bien qu'il obtint un arrêt de la chambre de la Tournelle, où Duthibaut fut mandé et blâmé, tête nue, et condamné à diverses amendes, aux réparations et aux frais du procès.

Cet adversaire terrassé, Urbain se retourna aussitôt contre les autres, plus infatigable dans la justice que ses ennemis ne l'avaient été dans la vengeance. La sentence de l'archevêque de Bordeaux lui donnait recours contre ses accusateurs pour ses dommages et intérêts et pour la restitution des fruits de ses bénéfices; il fit savoir publiquement qu'il porterait la réparation aussi loin qu'avait été l'offense, et se mit au travail pour réunir toutes les preuves qui lui étaient nécessaires pour le succès du nouveau procès, dans lequel à son tour il allait se faire partie. Vainement ses amis lui firent-ils observer que la réparation qu'il avait obtenue était grande et belle, en vain lui présentèrent-ils tous les dangers qu'il y avait pour lui à pousser des vaincus au désespoir, Urbain répondit qu'il était prêt à souffrir toutes les persécutions que ses ennemis pourraient lui susciter; mais qu'ayant le droit, on chercherait en vain à lui inspirer la crainte.

Les adversaires de Grandier furent donc instruits de l'orage qu'il amassait sur leurs têtes, et, comprenant que c'était entre eux et cet homme une question de vie et de mort, ils se réunirent de nouveau au village de Pindar-

## CRIMES CÉLÈBRES.

dane, dans une maison appartenant à Trinquant, Mignon Barot, Meunier, Duthibaut, Trinquant et Menuau, pour parler du coup qui les menaçait. Mignon **avait**, au reste, déjà noué les fils d'une nouvelle intrigue, il développa son plan; le plan fut adopté. Nous allons le voir se dérouler au fur et à mesure; car les événemens procèdent de lui.

Nous avons, à propos de Mignon, dit que ce chanoine était directeur du couvent des Ursulines de Loudun : l'ordre des Ursulines était tout moderne, et cela tenait aux contestations historiques qu'avait toujours soulevées le récit de la mort de sainte Ursule et de ses onze mille vierges; néanmoins madame Angèle de Bresse, en l'honneur de cette bienheureuse martyre, avait en 1560, établi en Italie un ordre de religieuses de la règle de saint Augustin, qui fut approuvé en 1572 par le pape Grégoire XIII, et depuis, en 1614, Madeleine Lhuillier l'introduisit en France, avec l'approbation du pape Paul V, en fondant un monastère à Paris, d'où cet ordre se répandit par tout le royaume; de sorte qu'en 1626, c'est-à-dire cinq ou six ans seulement avant l'époque où nous sommes parvenus, un couvent de ces mêmes dames s'était établi à Loudun.

Quoique cette communauté fût tout d'abord composée de filles de bonne famille, de noblesse, d'épée, de robe et de bourgeoisie, et que l'on comptât parm ses fondatrices Jeanne de Belfied, fille du feu marquis de Cose, et parente de M. de Laubardemont, mademoiselle de Fazili, cousine du cardinal-duc, deux dames de Barbenis, de la maison

## URBAIN GRANDIER.

de **Nogaret**; une dame de Lamothe, fille du marquis de Lamothe Baracé en Anjou, enfin une dame d'Escoubleau de Sourdis, de la même famille que l'archevêque qui occupait alors le siége de Bordeaux, comme ces religieuses avaient presque toutes adopté l'état monastique à cause du défaut de fortune, la communauté riche en noms était si pauvre d'argent, qu'elle fut forcée, en s'établissant, de se loger dans une maison particulière. Cette maison appartenait à un nommé Moussaut du Frène, dont le frère était prêtre : ce frère devint naturellement le directeur de ses saintes filles; mais au bout d'un an à peine il mourut, laissant sa direction vacante.

La maison qu'habitaient les Ursulines leur avait été cédée à un prix au-dessous de celui qu'elle valait, parce que le bruit courait par la ville qu'il y revenait des esprits. Son propriétaire avait donc pensé avec raison que rien n'était plus propre à chasser les fantômes que de leur opposer une communauté de saintes et religieuses filles qui, passant les journées en jeûnes et en prières, ne pouvaient guère donner prise aux démons sur leurs nuits : en effet, depuis un an qu'elles habitaient la maison, les revenans en avaient complètement disparu, ce qui n'avait pas peu contribué à établir dans la ville leur réputation de sainteté, lorsque leur directeur mourut.

Cette mort était pour les jeunes pensionnaires une occasion toute trouvée de se procurer quelques distractions aux dépens des vieilles religieuses, qui, plus sévères sur la règle que les autres, étaient assez généralement détestées; elles résolurent donc d'évoquer les **esprits** **que**

## CRIMES CÉLÈBRES.

l'on croyait à jamais refoulés dans les ténèbres. En effet, au bout de quelque temps, on entendit d'abord sur les toits de la maison de grands bruits pareils à des plaintes et à des gémissemens; bientôt les fantômes se hasardèrent à pénétrer dans les greniers et dans les mansardes, où leur présence s'annonçait par un grand bruit de chaînes; enfin ils devinrent si familiers, qu'ils en arrivèrent jusqu'à entrer dans les dortoirs pour tirer le drap des lits et enlever les jupes des religieuses.

La chose inspira une si grande terreur dans le couvent, et fit si grand bruit dans la ville, que la supérieure réunit les plus sages religieuses en conseil, et leur demanda avis sur les circonstances délicates dans lesquelles on se trouvait : l'opinion unanime fut qu'il fallait remplacer le directeur défunt par un plus saint homme encore, s'il était possible d'en rencontrer un ; et soit réputation de sainteté, soit tout autre motif, on jeta les yeux sur Urbain Grandier, et on lui fit faire des propositions ; mais celui-ci répondit que, déjà chargé de deux bénéfices, il ne lui resterait pas assez de temps pour veiller efficacement sur le blanc troupeau dont on lui proposait d'être le berger, et qu'il invitait la supérieure à s'adresser à un autre plus digne et moins occupé que lui.

Cette réponse, comme on le comprend bien, blessa l'orgueil de la communauté, qui alors tourna les yeux vers Mignon, prêtre chanoine de l'église collégiale de Sainte-Croix, qui, tout blessé qu'il était que cette offre lui fût faite au refus d'Urbain Grandier, n'en accepta pas moins, mais en gardant à celui qui avait d'abord été jugé

## URBAIN GRANDIER.

plus digne que lui une de ces haines bilieuses, qui, au lieu de se calmer, s'aigrissent avec le temps ; on a vu, par l'exposé que nous avons déjà mis sous les yeux du lecteur, comment peu à peu cette haine s'était déjà fait jour.

Cependant, aussitôt nommé, le nouveau directeur avait reçu de la supérieure un avis qui lui apprenait quels adversaires il allait avoir à combattre. Au lieu de la rassurer en niant l'existence des fantômes qui tourmentaient la communauté, Mignon, qui vit tout d'abord dans leur disparition, à laquelle il espérait bien parvenir, un moyen de consolider la réputation de sainteté à laquelle il aspirait, répondit que la sainte Écriture reconnaissait l'existence des esprits, puisque, grâce au pouvoir de la pythonisse d'Endor, l'ombre de Samuel était apparue à Saül ; mais que le rituel offrait des moyens sûrs de les expulser, si acharnés qu'ils fussent, pourvu que celui qui les attaquait fût pur de pensée et de cœur, et qu'il espérait bien, avec l'aide de Dieu, débarrasser la communauté de ses nocturnes visiteurs ; aussitôt, pour procéder à leur expulsion, il ordonna un jeûne de trois jours qui serait suivi d'une confession générale.

On comprend que, grâce aux questions qu'il adressa aux pensionnaires, il ne fut pas difficile à Mignon d'arriver à la vérité ; celles qui faisaient les fantômes s'accusèrent, et nommèrent comme leur complice une jeune novice de seize à dix-sept ans, nommée Marie Aubin ; celle-ci avoua la vérité, et dit que c'était elle qui se levait la nuit et allait ouvrir la porte du dortoir, que les plus peureuses de la chambrée avaient grand soin chaque soir de

## CRIMES CÉLÉBRES.

fermer en dedans, ce qui, à la terreur générale, n'empêchait pas, comme on le devine bien, les esprits d'entrer. Mignon, sous prétexte de ne point les exposer à la colère de la supérieure, qui pourrait soupçonner quelque chose si les apparitions cessaient juste le lendemain de la confession, les autorisa à renouveler encore de temps en temps leur tapage nocturne, en leur ordonnant cependant de le cesser graduellement ; puis, retournant à la supérieure, il lui annonça qu'il avait trouvé les pensées de toute la communauté tellement chastes et pures, qu'il espérait qu'avec l'aide de ses prières le couvent serait incessamment débarrassé des apparitions qui l'obsédaient.

Les choses arrivèrent comme l'avait prédit le directeur, et la réputation du saint homme qui avait veillé et prié pour la délivrance des bonnes Ursulines s'en accrut singulièrement dans la ville de Loudun.

Tout était donc redevenu parfaitement tranquille au couvent, lorsque arrivèrent les événemens que nous avons racontés, et que Mignon, Duthibaut, Meruau, Meunier et Barot, après avoir perdu leur cause devant l'archevêque de Bordeaux, et se voyant menacés par Grandier d'être poursuivis comme faussaires et calomniateurs, se réunirent afin de résister à cet homme à la volonté inflexible, qui les perdrait s'ils ne le perdaient pas.

Le résultat de cette réunion fut un bruit étrange qui se répandit au bout de quelque temps ; on se disait sourdement à Loudun que les revenans, chassés par le saint directeur, étaient revenus à la charge sous une forme invisible et impalpable, et que plusieurs religieuses

## URBAIN GRANDIER.

avaient donné, soit dans leurs paroles, soit dans leurs
actes, des preuves évidentes de possession : on parla de
ces bruits à Mignon, qui, au lieu de les démentir, leva
les yeux au ciel en disant que Dieu était certainement
bien grand et bien miséricordieux; mais aussi que Satan
était bien habile, surtout lorsqu'il était secondé par cette
fausse science humaine qu'on appelle magie; que cependant, quoique ces bruits ne fussent pas entièrement
dénués de fondement, rien n'était encore certain à l'endroit d'une possession réelle, et que le temps pourrait
seul à cet égard établir la vérité.

On devine l'effet que produisirent de pareilles réponses sur des esprits déjà disposés à accueillir les bruits
les plus étranges : Mignon les laissa circuler ainsi pendant quelques mois, sans leur donner d'autre aliment;
enfin, un jour il alla trouver le curé de Saint-Jacques de
Chinon, lui dit que les choses en étaient, au couvent des
Ursulines, au point qu'il ne pouvait plus prendre seul la
responsabilité du salut de ces pauvres filles, et l'invita à
venir les visiter avec lui. Ce curé, qui se nommait Pierre
Barré, était en tout point l'homme qu'il fallait à Mignon
pour mener à bien une pareille affaire, exalté, mélan-
colique, visionnaire, prêt à tout entreprendre pour augmenter sa réputation d'ascétisme et de sainteté. Il voulut
dès le premier abord donner à cette visite toute la solennité que comportait une circonstance aussi grave : en
conséquence, il se rendit à Loudun à la tête de ses paroissiens, qu'il amena en procession, faisant le chemin à
pied pour donner plus d'éclat et de retentissement à la

## CRIMES CÉLÈBRES.

chose : c'était inutile ; pour moins que cela la ville eût été en rumeur.

Mignon et Barré entrèrent au couvent, pendant que les fidèles se répandaient dans les églises, faisant des prières pour l'efficacité des exorcismes ; ils restèrent six heures enfermés avec les religieuses ; puis, au bout de ce temps, Barré sortit, annonçant à ses paroissiens qu'ils pouvaient retourner seuls à Chinon ; mais que, quant à lui, il restait à Loudun pour aider le vénérable directeur des Ursulines dans la tâche sainte qu'il avait entreprise ; puis il leur recommanda de prier soir et matin avec toute la ferveur dont ils étaient capables, afin que dans cette affaire, où elle était si gravement compromise, la cause de Dieu triomphât.

Cette recommandation, que n'accompagna aucune autre explication, redoubla la curiosité universelle : on se disait que ce n'était pas une ou deux religieuses seulement, mais tout le couvent qui était possédé ; quant au magicien qui avait jeté le charme, on commençait à le nommer tout haut : c'était Urbain Grandier, que Satan avait attiré à lui par l'orgueil, et qui avait fait, pour être l'homme le plus savant de la terre, un pacte par lequel il avait vendu son âme ; et, en effet, ce que savait Urbain était tellement au-dessus des connaissances générales des habitans de Loudun, que beaucoup n'eurent pas de peine à croire ce qu'on rapportait à ce sujet ; quelques-uns cependant haussaient les épaules à toutes ces absurdités, et riaient à toutes ces momeries, dont ils ne voyaient encore que le côté ridicule.

## URBAIN GRANDIER.

**Mignon et Barré** renouvelèrent ainsi leurs visites aux religieuses pendant dix ou douze jours, et chaque fois restèrent près d'elles tantôt quatre, tantôt six heures, quelquefois toute la journée : enfin, le lundi 11 octobre 1632, ils écrivirent à M. le curé de Venier, à messire Guillaume Cerisay de la Guerinière, bailli du Loudenois, et à messire Louis Chauvet, lieutenant civil, pour les prier de se transporter au couvent des Ursulines pour y voir deux religieuses possédées du malin esprit, et constater les effets étranges et presque incroyables de cette possession. Requis de cette manière, les deux magistrats ne purent se dispenser d'obtempérer à la demande ; d'ailleurs, ils partageaient la curiosité générale, et n'étaient point fâchés de savoir par eux-mêmes à quoi s'en tenir sur tous les bruits qui, depuis quelque temps, couraient par la ville. Ils se rendirent donc au couvent pour assister aux exorcismes, et les autoriser s'ils jugeaient la possession réelle, ou pour arrêter le cours de cette comédie s'ils jugeaient la possession feinte. Arrivés à la porte, ils virent venir au-devant d'eux Mignon, revêtu de son aube et de son étole, qui leur dit que les religieuses avaient été travaillées pendant quinze jours de spectres et de visions épouvantables, et qu'ensuite la mère supérieure et deux autres religieuses avaient été visiblement possédées pendant huit ou dix jours par les mauvais esprits ; mais qu'enfin, ces mauvais esprits avaient été expulsés de leurs corps par le ministère tant de lui que de Barré et de quelques autres religieux carmes, qui avaient bien voulu leur prêter la main contre leurs communs ennemis ; mais que

## CRIMES CÉLÈBRES.

dans la nuit du dimanche, jour précédent et 10 du mois, la supérieure Jeanne de Belfield et une sœur laie appelée Jeanne Dumagnoux, avaient été tourmentées de nouveau, et étaient reprises des mêmes esprits. Alors il avait découvert dans ses exorcismes que cela s'était fait par un nouveau pacte, dont le symbole et la marque était un bouquet de roses, comme le symbole et la marque du premier était trois épines noires : il ajouta que les malins esprits n'avaient jamais voulu se nommer pendant la première possession, mais que forcé enfin par ses exorcismes, celui qui venait de se réemparer de la mère supérieure avait été forcé de confesser son nom, et que c'était Astaroth, l'un des plus grands ennemis de Dieu : quant à celui qui tenait la sœur laie, c'était un diable d'un ordre inférieur et qui s'appelait Sabulon. Malheureusement, dit Mignon, en ce moment, les deux possédées reposaient : en conséquence, il invitait le bailli et le lieutenant civil à remettre leur visite à un autre moment. En effet, ces deux magistrats allaient se retirer, lorsqu'une religieuse vint les avertir que les énergumènes étaient de nouveau travaillées : en conséquence, ils montèrent avec Mignon et le curé de Venier, dans une chambre haute, garnie de sept petits lits, dont deux seulement étaient occupés, l'un par la supérieure et l'autre par la sœur laie. La supérieure, comme celle dont la possession était la plus importante, était environnée de plusieurs carmes, des religieuses du couvent, de Mathurin Rousseau, prêtre et chanoine de Sainte-Croix, et de Mannouri, chirurgien de la ville.

## URBAIN GRANDIER.

Les deux magistrats ne se furent pas plus tôt mêlés aux assistans, que la supérieure fut saisie de mouvemens violens, fit des contorsions étranges, et poussa des cris qui imitaient parfaitement ceux d'un cochon de lait : les deux magistrats la regardaient avec un profond étonnement, lorsqu'elle augmenta encore leur stupéfaction en s'enfonçant dans son lit et en en ressortant tout entière, et cela avec des gestes et des grimaces si diaboliques, que, s'ils ne crurent pas à la possession, ils admirèrent au moins la manière dont elle était jouée. Alors Mignon dit au bailli et au lieutenant civil que, quoique la supérieure n'eût jamais connu le latin, elle allait, s'ils le désiraient, répondre dans cette langue aux questions qu'il lui adresserait : les magistrats répondirent qu'ils étaient venus pour constater la possession ; qu'en conséquence, ils invitaient l'exorciste à leur donner de cette possession toutes les preuves possibles. Mignon s'approcha donc de la supérieure, et ayant ordonné le plus profond silence, il lui mit d'abord les deux doigts dans la bouche, puis ayant fait tous les exorcismes commandés par le rituel, il procéda à l'interrogatoire : le voici textuellement reproduit.

D. *Propter quam causam ingressus es in corpus hujus virginis ?*

Pour quelle cause es-tu entré dans le corps de cette jeune fille ?

R. *Causâ animositatis.*

Pour cause d'animosité.

D. *Per quod pactum ?*

Par quel pacte ?

R. *Per flores.*

Par les fleurs.

D. *Quales ?*

Quelles fleurs ?

## CRIMES CÉLÈBRES.

R. *Rosas.*      Les roses.

D. *Quis misit?*      Qui t'a envoyé ?

A cette demande, les deux magistrats remarquèrent chez la supérieure un mouvement d'hésitation : deux fois elle ouvrit la bouche pour répondre, et cependant ce ne fut qu'à la troisième qu'elle répondit d'une voix faible :

R. *Urbanus.*      Urbain.

D. *Dic cognomen?*      Dites son prénom ?

Ici, il y eut de la part de la possédée une nouvelle hésitation ; cependant, comme forcée par l'exorciste, elle répondit :

R. *Grandier.*      Grandier.

D. *Dic qualitatem?*      Dites sa qualité ?

R. *Sacerdos.*      Prêtre.

D. *Cujus ecclesiæ?*      De quelle église ?

R. *Sancti Petri.*      De Saint-Pierre.

D. *Quæ persona attulit flores ?*      Quelle personne apporta les fleurs?

R. *Diabolica.*      Une personne envoyée par le diable.

A peine cette dernière parole avait-elle été prononcée, que la possédée revint à son bon sens, pria Dieu, essaya de manger un peu de pain qu'on lui offrit, et le rejeta aussitôt, en disant qu'elle ne pouvait l'avaler, attendu qu'il était trop sec : on lui apporta alors des choses liquides, dont elle mangea, mais fort peu, troublée qu'elle était sans cesse par le retour des convulsions.

Alors le bailli et le lieutenant civil. voyant que **tout**

## URBAIN GRANDIER.

était fini de ce côté, se retirèrent dans l'embrasure d'une fenêtre et se mirent à causer à voix basse ; aussitôt Mignon, qui craignait qu'ils ne fussent pas suffisamment édifiés, alla à eux, et leur dit qu'il y avait dans le fait qui se représentait quelque chose de semblable à l'histoire de Gaufredi, qui venait d'être exécuté il y avait quelques années, en vertu d'un arrêt du parlement d'Aix en Provence. Ce que disait là Mignon découvrait si visiblement et si maladroitement son but, que ni le lieutenant civil ni le bailli ne répondirent à cette interpellation ; seulement le lieutenant civil dit à l'exorciste, qu'il était étonné qu'il n'eût point pressé la supérieure sur *cette cause de haine* dont elle avait parlé dans ses réponses, et qu'il était si important d'approfondir; mais Mignon s'en excusa en disant qu'il lui était défendu de faire des questions de pure curiosité. Le lieutenant civil allait insister, lorsque la sœur laie tira Mignon d'embarras en entrant en convulsion à son tour : le bailli et le lieutenant civil se rendirent aussitôt près de son lit, et sommèrent Mignon de lui faire les mêmes questions qu'à la supérieure ; mais l'exorciste eut beau l'interroger, il n'en put tirer autre chose que ces mots : *A l'autre ! à l'autre !* Mignon expliqua ce refus de réponse en disant que le diable qui possédait celle-ci étant d'une nature secondaire, il renvoyait les exorcistes à Astaroth, qui était son supérieur. Bonne ou mauvaise, comme cette réponse fut la seule que les magistrats obtinrent de Mignon, ils se retirèrent, dressèrent un procès-verbal de ce qu'ils avaient vu et entendu, et le signèrent, s'abstenant de toutes réflexions.

## CRIMES CÉLÈBRES.

Mais il n'en fut pas ainsi dans la ville, et peu se montrèrent sous ce rapport aussi circonspects que l'avaient été ces deux magistrats : les dévots crurent, les hypocrites firent semblant de croire ; mais les mondains, et le nombre en était grand, retournèrent la possession sur toutes ses faces, et ne se firent aucun scrupule de mettre à jour toute leur incrédulité : ils s'étonnaient, et ce n'était pas sans raison, il faut l'avouer, que les diables, expulsés pour deux jours seulement, n'aient paru céder la place que pour s'en réemparer de nouveau à la confusion des exorcistes : ils se demandaient pourquoi le démon de la supérieure parlait latin, quoique celui de la sœur laie parût ignorer cette langue, le rang qu'il occupait dans la hiérarchie diabolique ne leur paraissant pas une raison suffisante pour expliquer ce supplément d'éducation ; enfin le refus qu'avait fait Mignon de poursuivre l'interrogatoire à l'endroit de la cause de haine, faisait soupçonner qu'Astaroth, si lettré qu'il fût en apparence, était arrivé au bout de son latin, et ne se souciait pas de continuer le dialogue dans l'idiome de Cicéron. D'ailleurs, on n'ignorait pas que, quelques jours auparavant, une réunion des plus grands ennemis d'Urbain avait eu lieu, comme nous l'avons dit, au village de Puidardane : on trouvait, en outre, que Mignon avait commis une grande inconséquence en parlant sitôt du prêtre Gaufredi, supplicié à Aix ; enfin on eût désiré que d'autres religieux que les frères carmes, qui avaient particulièrement à se plaindre de Grandier, eussent été appelés à l'exorcisme ; tout cela, il faut en convenir, était on ne peut plus spécieux.

## URBAIN GRANDIER.

Le lendemain 12 octobre, le bailli et le lieutenant civil, ayant appris que les exorcismes recommençaient sans qu'on les eût appelés, se firent accompagner du chanoine Rousseau et suivre de leur greffier, et se rendirent de nouveau au couvent. Arrivés là, ils firent appeler Mignon, et lui remontrèrent que cette affaire était de telle importance, que, dans aucun cas, on ne devait la pousser plus loin hors de la présence des autorités, et qu'il était nécessaire qu'on les appelât désormais à chaque nouvelle séance ; ils ajoutèrent encore que sa qualité de directeur des bonnes religieuses pouvait attirer sur lui, Mignon, si connu en outre pour sa haine contre Grandier, des soupçons de suggestions indignes de son caractère, soupçons qu'il devait désirer, tout le premier, voir dissiper le plus tôt possible, qu'en conséquence, des exorcistes désignés par la justice continueraient dorénavant l'œuvre qu'il avait si saintement commencée. Mignon dit aux magistrats qu'il ne s'opposerait jamais à ce qu'ils fussent présents aux exorcismes ; mais qu'il ne pouvait pas assurer que les diables voulussent répondre à d'autres qu'à lui et à Barré. En effet, Barré s'avança au même moment, plus pâle et plus sombre encore qu'à l'ordinaire, et annonça aux magistrats, en homme dont l'assertion doit être crue, qu'il venait, avant qu'ils fussent arrivés, de se passer des choses fort extraordinaires. Le bailli et le lieutenant civil demandèrent alors quelles étaient ces choses, et Barré répondit qu'il avait appris de la supérieure qu'elle avait, non pas un, mais sept diables dans le corps, dont Astaroth était le chef ; que Grandier avait

## CRIMES CÉLÈBRES.

donné le pacte fait entre lui et le diable, sous le symbole d'un bouquet de roses, à un nommé Jean Pivart, lequel l'avait remis entre les mains d'une fille qui l'avait porté par-dessus les murailles dans le jardin du couvent; que ce fait s'était accompli dans la nuit du samedi au dimanche, *horâ secundâ nocturnâ* : c'est-à-dire deux heures après minuit. C'étaient là les propres termes dont elle s'était servie; cependant, tout en nommant Jean Pivart, elle s'était constamment refusée à désigner la fille : alors interrogée sur ce que c'était que ce Pivart, elle avait répondu : *Pauper magus*, un pauvre sorcier; qu'alors il l'avait pressée sur ce mot de *magus*, et qu'elle avait repris : *Magicianus et civis*, sorcier et citoyen. C'est à ce moment que les deux magistrats étaient arrivés, et la séance en était là.

Le lieutenant civil et le bailli écoutèrent ce récit avec la gravité qui convenait à des hommes chargés de hautes fonctions judiciaires, et déclarèrent à Mignon et à Barré qu'ils allaient monter dans la chambre des possédées, afin de juger par leurs yeux des choses miraculeuses qui s'y passaient; les deux exorcistes ne s'y opposèrent nullement; mais ils dirent qu'ils croyaient les diables fatigués de la séance, et qu'il était possible qu'ils ne voulussent plus répondre. En effet, au moment où le lieutenant civil et le bailli entrèrent, les deux malades avaient paru reprendre un peu de calme; Mignon profita de ce moment pour dire la messe; les deux magistrats l'écoutèrent dévotement et tranquillement; car, pendant tout le temps du saint sacrifice, les diables n'osèrent bouger : on

## URBAIN GRANDIER.

croyait qu'ils donneraient quelques marques d'opposition lors de l'élévation du Saint-Sacrement ; mais tout se passa au contraire dans la plus profonde tranquillité, la sœur laie, seulement, éprouva un grand tremblement des pieds et des mains ; mais ce fut tout ce qu'on observa pendant cette matinée digne d'être mentionnée au procès-verbal ; cependant Barré et Mignon promirent que si le lieutenant civil et le bailli revenaient vers les trois heures, les diables, qui auraient repris leurs forces dans l'intervalle, donneraient probablement une seconde représentation.

Comme l'intention des juges était de pousser l'affaire à bout, ils retournèrent à l'heure dite au couvent, accompagnés de messire Irénée de Sainte-Marthe, sieur Deshumeaux, et trouvèrent la chambre pleine de curieux : les exorcistes n'avaient point menti, les diables étaient à l'œuvre.

La supérieure, comme toujours, était la plus tourmentée, et c'était tout simple, puisque, d'après son propre aveu, elle avait sept diables dans le corps ; aussi était-elle dans de terribles convulsions, se tordant et écumant comme si elle eût été enragée. Un pareil état ne pouvait durer sans compromettre très-réellement la santé de celle qui était ainsi tourmentée ; Barré demanda donc au diable quand il sortirait : *Cras manè*, demain au matin, répondit-il. L'exorciste insista alors, et voulut savoir pourquoi il ne sortait pas tout de suite ; alors la supérieure murmura ce mot : *Pactum*, un pacte ; puis celui de : *Sacerdos*, un prêtre ; et enfin celui de *finis* ou *finit* ; car les plus

## CRIMES CÉLÈBRES.

proches entendirent mal : le diable, de peur des barba-
rismes sans doute, parlait entre les dents de la religieuse.
C'étaient de fort médiocres explications ; aussi les deux
juges exigèrent-ils que l'on continuât l'interrogatoire ;
mais les diables étaient à bout et ne voulurent plus parler,
on eut beau les adjurer par les exorcismes les plus puissans, ils gardèrent obstinément le silence. On mit alors
le saint ciboire sur la tête de la supérieure, et l'on accompagna cette action d'oraisons et de litanies, mais tout fut
inutile ; seulement quelques assistans prétendirent que la
supérieure paraissait tourmentée avec plus de violence lorsqu'on prononçait le nom de certains bienheureux, comme
par exemple celui de saint Augustin, de saint Jérôme, de
saint Antoine et de sainte Marie-Madeleine. Les oraisons
et les litanies terminées, Barré ordonna à la supérieure
de dire qu'elle donnait son cœur et son ame à Dieu, ce
qu'elle fit sans difficulté ; mais il n'en fut pas ainsi lorsqu'il lui commanda de dire qu'elle lui donnait son corps ;
car, en ce moment, le diable qui la possédait indiqua par
de nouvelles convulsions que ce ne serait pas sans résistance qu'il se laisserait chasser de son domicile, ce qui
donna une curiosité plus grande à ceux qui lui avaient
entendu promettre, bien malgré lui sans doute, qu'il en
sortirait le lendemain. Néanmoins, malgré la résistance
obstinée du diable, la supérieure finit par donner son
corps à Dieu, comme elle lui avait donné son cœur
et son ame, et victorieuse de cette dernière lutte, elle
reprit son visage ordinaire, et, comme si rien ne s'était
passé, elle dit en souriant à Barré *qu'il n'y avait plus*

## URBAIN GRANDIER.

*de Satan en elle.* Le lieutenant civil lui demanda alors si elle se souvenait des questions qui lui avaient été faites, et des réponses qui les avaient suivies, mais elle répondit qu'elle ne se souvenait plus de rien ; puis ensuite, ayant pris quelque nourriture, elle raconta à tous les assistans qu'elle se rappelait parfaitement comment ce premier sort dont avait déjà triomphé Mignon lui avait été donné : c'était pendant qu'elle était au lit, vers les dix heures du soir, et au moment même où il y avait plusieurs religieuses dans sa chambre ; elle sentit qu'on prenait une de ses mains, qu'on y mettait quelque chose et qu'on la lui refermait ; au même instant elle sentit comme trois piqûres d'épingles, et comme elle jeta un grand cri, les religieuses s'approchèrent d'elle, elle leur tendit la main, et elles y trouvèrent trois épines noires qui avaient fait chacune une petite plaie. En ce moment, et comme pour écarter tout commentaire, la sœur laie eut quelques convulsions ; Barré commença ses prières et ses exorcismes ; mais à peine avait-il dit quelques paroles, qu'il s'éleva de grands cris dans l'assemblée : une personne de la société avait vu descendre par la cheminée un chat noir qui avait disparu ; nul ne douta que ce fût le diable, et chacun se mit à sa poursuite ; cependant ce ne fut pas sans difficulté qu'on mit la main dessus ; effrayé de voir tant de monde et d'entendre un pareil bruit, le pauvre animal s'était réfugié sur un baldaquin ; il fut aussitôt apporté sur le lit de la supérieure, où Barré commença de l'exorciser en le couvrant de signes de croix. et en lui faisant plusieurs adjurations ; mais en

## GRIMES CELEBRES.

ce moment, la tourière du couvent, s'étant avancée, reconnut que le prétendu diable n'était autre que son chat, qu'elle réclama aussitôt, de peur qu'il lui arrivât malheur.

L'assemblée était sur le point de se séparer, et comme Barré comprit que le dernier événement qui venait d'arriver pouvait jeter quelque ridicule sur la possession, il résolut de répandre de nouveau sur elle une salutaire terreur, en disant qu'il allait brûler les fleurs où le second sort avait été mis. En effet, il prit un bouquet de roses blanches déjà fanées, et se faisant apporter un réchaud, il le jeta dans le feu : au grand étonnement de tout le monde, le bouquet fut consumé sans aucun des signes qui accompagnent d'ordinaire ce genre d'opération, le ciel resta calme, le tonnerre ne se fit point entendre, et aucune mauvaise odeur ne se répandit. Comme cette simplicité dans l'acte de destruction du pacte avait paru faire mauvais effet, Barré promit pour le lendemain des choses miraculeuses : il dit que le diable parlerait plus clairement qu'il n'avait jamais fait, sortirait du corps de la supérieure, et donnerait des signes si évidens de sa sortie, qu'il n'y aurait alors personne qui oserait douter encore de la vérité de la possession; alors le lieutenant criminel Réné Hervé, qui avait assisté à ce dernier exorcisme, dit à Barré qu'il faudrait profiter de ce moment pour interroger le démon relativement à Pivart, qui était inconnu à Loudun, où tout le monde se connaissait cependant. Barré répondit en latin : *Et hoc dicet et puellam nominabit*, ce qui veut dire : —Non seulement

## URBAIN GRANDIER.

il dira cela, mais encore il nommera la jeune fille. — Cette jeune fille que devait nommer le diable, était, on se le rappelle, celle qui avait apporté les roses, et que le démon jusque là avait obstinément refusé de faire connaître. Ces promesses faites, chacun se retira chez soi, attendant avec impatience le lendemain.

Le même soir, Grandier se présenta chez le bailli ; d'abord il avait ri de ces exorcismes, car la fable lui avait paru si mal tissue et l'accusation si grossière, qu'il ne s'en était point inquiété. Mais, voyant l'importance que l'affaire prenait et la haine profonde qu'y mettaient ses ennemis, l'exemple du prêtre Gaufredi, cité par Mignon, se présenta à son tour à son esprit, et il résolut d'aller au-devant de ses adversaires. Il venait en conséquence déposer sa plainte. Elle se fondait sur ce que Mignon avait exorcisé les religieuses en présence du lieutenant civil, du bailli et d'un grand nombre d'autres personnes, et l'avait, devant ces personnes, fait nommer par les prétendues énergumènes comme l'auteur de leur possession ; que c'était une imposture et une calomnie suggérées contre son honneur ; qu'en conséquence, il suppliait le bailli, que l'instruction de cette affaire regardait spécialement, de faire séquestrer les religieuses que l'on prétendait possédées et de les faire interroger séparément. Qu'alors, et dans le cas où il se trouverait quelque apparence de possession, il plût à ce magistrat de nommer des ecclésiastiques de rang et de probité, qui, n'ayant aucun motif de lui en vouloir, à lui suppliant, ne lui fussent pas suspects comme l'étaient

## CRIMES CÉLÈBRES.

Mignon et ses adhérens, pour exorciser les religieuses, si besoin était; sommant, en outre, le bailli de dresser procès-verbal exact de ce qui se passerait aux exorcismes, afin que lui, suppliant, pût se pourvoir devant qui de droit, s'il le jugeait convenable. Le bailli donna acte à Grandier de ses fins et conclusions, et lui déclara que c'était Barré qui avait exorcisé ce jour-là, chargé qu'il en était, disait-il, par l'évêque de Poitiers lui-même. Comme c'était, ainsi qu'on l'a pu voir, un homme de sens, sans aucune animosité contre Grandier, il lui donna le conseil de s'adresser à son évêque, qui malheureusement était l'évêque de Poitiers, qui était déjà prévenu contre lui et lui en voulait fort d'avoir fait casser son jugement par l'archevêque de Bordeaux. Grandier ne se dissimulait point que le prélat ne lui serait point favorable; aussi résolut-il d'attendre au lendemain pour voir comment la chose se passerait.

Ce lendemain attendu avec une si grande impatience et par tant de monde arriva enfin. Le bailli, le lieutenant civil, le lieutenant criminel, le procureur du roi et le lieutenant de la prevôté, suivis des greffiers des deux juridictions, se présentèrent au couvent vers les huit heures du matin : ils trouvèrent la première porte ouverte, mais la seconde fermée. Après quelques instans d'attente, Mignon la leur ouvrit, et les introduisit dans un parloir. Là, il leur dit que les religieuses se préparaient à la communion, et il les pria de se retirer dans une maison qui était de l'autre côté de la rue, et où il les ferait prévenir, afin qu'ils revinssent. Les magistrats se

## URBAIN GRANDIER.

retirèrent alors en prévenant Mignon de la requête présentée par Urbain.

L'heure s'écoula, et comme Mignon, oubliant sa promesse, ne les faisait pas appeler, ils entrèrent tous dans la chapelle du couvent, où on leur dit que se passait ce jour-là l'exorcisme. Les religieuses venaient de quitter le chœur, et Barré se présenta à la grille avec Mignon, et leur dit qu'ils venaient d'exorciser les deux possédées, qui, grâce à leurs conjurations, étaient maintenant délivrées des mauvais esprits. Ils ajoutèrent qu'ils avaient de concert travaillé à l'exorcisme depuis sept heures du matin, et qu'il s'était passé de grandes merveilles dont ils avaient dressé acte, mais qu'ils n'avaient pas jugé à propos d'admettre aux conjurations d'autres personnes que les exorcistes eux-mêmes. Le bailli leur fit observer que cette manière de procéder était non seulement illégale, mais encore les rendait auprès de ceux qui n'étaient prévenus ni pour les uns ni pour les autres suspects de mensonge et de suggestion, attendu que la supérieure ayant accusé publiquement Grandier, c'était publiquement, et non en secret, qu'elle devait renouveler et soutenir cette accusation, et que c'était de leur part user de grande hardiesse, que d'inviter à venir et de faire attendre une heure des gens de leur caractère et de leur condition, pour leur dire après qu'on les avait jugés indignes d'assister à l'exorcisme pour lequel on les avait fait venir; il ajouta qu'il dresserait procès-verbal de cette singulière contradiction entre les promesses et les résultats, comme ils avaient déjà fait la veille et la surveille.

## CRIMES CÉLÈBRES.

Mignon répondit que lui et Barré n'avaient eu pour but que l'expulsion des démons ; que cette expulsion avait réussi, et que l'on en verrait naître un grand bien pour la sainte foi catholique, attendu que, profitant de l'empire qu'ils avaient pris sur les démons, ils leur avaient ordonné de produire dans les huit jours quelque grand et miraculeux événement qui mettrait la magie d'Urbain Grandier et la délivrance des religieuses en un si grand jour, que personne ne douterait plus à l'avenir de la vérité de la possession. Les magistrats dressèrent un procès-verbal de ce qui s'était passé et des discours de Barré et de Mignon, et le signèrent tous, à l'exception du lieutenant criminel, qui déclara qu'ajoutant parfaitement foi à ce qu'avaient dit les exorcistes, il ne voulait pas contribuer à augmenter le doute , déjà trop malheureusement répandu parmi les mondains.

Le même jour, le bailli fit donner secrètement avis à Urbain du refus qu'avait fait le lieutenant criminel de signer avec eux le procès-verbal. Cette nouvelle lui arriva comme il venait d'apprendre que ses adversaires avaient recruté à leur parti un messire René Memin, seigneur de Silly et major de la ville ; ce gentilhomme avait beaucoup de crédit, tant par ses richesses que par plusieurs charges qu'il possédait, et surtout par ses amis, au nombre desquels il comptait le cardinal duc lui-même, auquel il avait autrefois rendu quelques services, lorsqu'il n'était encore que prieur. La conjuration commençait donc à prendre un caractère inquiétant, qui ne permettait pas à Grandier d'attendre plus long-temps

## URBAIN GRANDIER.

pour lutter contre elle. Se rappelant sa conversation de la veille avec le bailli, et se croyant tacitement renvoyé par lui vers l'évêque de Poitiers, il partit de Loudun pour aller trouver ce prélat en sa maison de campagne de Dissay, où il se fit accompagner par un prêtre de Loudun, nommé Jean Buron. Mais l'évêque, se doutant de cette visite, avait déjà pris ses mesures; et son maître d'hôtel, nommé Dupuis, répondit à Grandier que son éminence était malade. Alors Grandier s'adressa à son aumônier, et le pria de faire entendre au prélat qu'il était venu pour lui présenter les procès-verbaux que les magistrats avaient dressés des choses qui s'étaient passées au couvent des Ursulines, et pour faire sa plainte des calomnies et des accusations que l'on répandait contre lui. L'aumônier, pressé avec tant d'instance, ne put refuser de s'acquitter du message de Grandier; mais après un instant il revint lui dire, de la part de l'évêque, et cela en présence de Dupuis, de Buron et du sieur Labrasse, que son éminence l'invitait à se pourvoir devant les juges royaux, et qu'il souhaitait bien vivement qu'il obtînt justice en cette affaire. Grandier vit qu'il avait été prévenu, et sentit de plus en plus que la conjuration l'enveloppait; mais il n'était pas homme à faire pour cela un pas en arrière; il revint donc droit à Loudun, et s'adressant de nouveau au bailli, il lui raconta ce qui venait de se passer dans son voyage de Dissay, réitéra ses plaintes des calomnies que l'on dirigeait contre lui, et le supplia de saisir la justice du roi de cette affaire, demandant d'être **mis sous la protection du roi et sous la sauve-garde de la**

## CRIMES CÉLÈBRES.

justice, attendu qu'une pareille accusation attentait à la fois à son honneur et à sa vie. Le bailli s'empressa de donner à Urbain acte de ses protestations, avec défense à qui que ce soit de médire de lui, ou de lui méfaire.

Grâce à cet acte, les rôles étaient changés : d'accusateur, Mignon devenait à son tour accusé ; aussi, payant d'audace en se sentant si puissamment soutenu, se présenta-t-il le même jour chez le bailli, pour lui dire que tout en récusant sa juridiction, Grandier et lui, en leur qualité de prêtres du diocèse de Poitiers, ne devant relever que de leur évêque, il protestait donc contre la plainte de Grandier, qui le désignait comme calomniateur, déclarant qu'il était prêt à se rendre dans les prisons de l'officialité, afin de faire connaître à tous qu'il ne redoutait pas une enquête ; que d'ailleurs il avait juré la veille sur le saint-sacrement de l'autel, en présence de ses paroissiens qui venaient d'assister au saint sacrifice de la messe, que ce qu'il avait fait jusqu'à ce jour, il ne l'avait point fait en haine de Grandier, mais par amour de la vérité et pour le plus grand triomphe de la foi catholique, de tout quoi il se fit délivrer par le bailli un acte qu'il signifia le même jour à Grandier.

Depuis le 13 octobre, jour où les démons avaient été expulsés par les exorcistes, tout était demeuré assez tranquille au couvent ; cependant Grandier ne se laissa point endormir par cette fausse apparence ; il connaissait trop bien ses ennemis pour croire qu'ils en resteraient là ; et sur ce que lui dit le bailli de cet intervalle de repos, il répondit que les religieuses apprenaient de nouveaux rôles,

## URBAIN GRANDIER.

afin de reprendre leur drame avec plus d'aplomb que jamais. En effet, le 22 novembre, René Mannouri, chirurgien du couvent, fut envoyé à un de ses confrères,
nommé Gaspard Joubert, pour le prier de venir, accompagné des autres médecins de la ville, visiter deux religieuses qui étaient encore tourmentées par les malins
esprits. Cette fois, Mannouri s'était mal adressé : le médecin Joubert était un homme franc et loyal, ennemi
de toute supercherie, qui, ne voulant marcher dans toute
cette affaire que judiciairement et publiquement, alla
trouver le bailli, pour savoir si c'était par son ordre qu'il
était appelé : le bailli répondit que non, et manda Mannouri, pour savoir de quelle part il était venu chez Joubert. Mannouri déclara que c'était la tourière du couvent qui était accourue toute effrayée en sa maison, et lui
avait dit que les possédées n'avaient jamais été si maltraitées qu'elles l'étaient à cette heure, et qu'en conséquence Mignon, leur directeur, le faisait prier de venir
au couvent avec tous les médecins et les chirurgiens de la
ville dont il pourrait se faire accompagner.

Le bailli, qui vit dans cet événement de nouvelles machinations contre Grandier, fit aussitôt appeler celui-ci,
et l'avertit que Barré était revenu la veille de Chinon
pour recommencer ses exorcismes ; puis il ajouta que déjà
le bruit courait par la ville que la supérieure et la sœur
Claire étaient de nouveau agitées par les malins esprits.
Cette nouvelle n'étonna ni n'abattit Grandier ; il répondit,
avec le sourire dédaigneux qui lui était habituel, qu'il
reconnaissait là une nouvelle machination de ses ennemis,

## CRIMES CÉLÈBRES.

qu'il s'était déjà plaint des premières à la cour, et qu'il
allait se plaindre encore de celles-ci, comme il avait fait
des autres; que cependant, sachant combien le bailli était
impartial, il le suppliait toujours de se transporter au couvent avec les médecins et les officiers pour y assister aux
exorcismes, afin que, s'ils apercevaient quelque signe
de possession réelle, ils fissent séquestrer les religieuses,
et une fois séquestrées, les fissent interroger par d'autres
que Mignon et Barré, contre lesquels il avait de si légitimes causes de soupçons. Le bailli manda le procureur du roi, qui, si malveillant qu'il fût contre Grandier,
fut forcé de donner ses conclusions dans le sens que nous
venons de dire, et, les conclusions données, envoya sur-
le-champ le greffier au couvent afin qu'il s'informât
de Mignon et de Barré si la supérieure était toujours possédée : au cas où ils répondraient affirmativement, il était
en outre chargé de leur signifier que défense leur était
faite de procéder en secret aux exorcismes, et qu'on leur
enjoignait, lorsqu'ils voudraient le faire, d'avertir le bailli,
afin qu'il y assistât avec les officiers et les médecins dont
il lui plairait de se faire accompagner, le tout sous les
peines qui y appartenaient ; sauf ensuite à faire droit à
Grandier sur la demande de séquestre par lui requis, et
sur la demande d'exorcistes non suspects. Mignon et
Barré écoutèrent la lecture de cette ordonnance, et répondirent qu'ils ne reconnaissaient point en cette affaire la
juridiction du bailli ; qu'appelés de nouveau par la supérieure et la sœur Claire pour les assister dans la rechute
de leur maladie étrange, maladie qu'ils estimaient être

## URBAIN GRANDIER.

une possession des malins esprits, ils avaient exorcisé jusqu'à ce jour en vertu d'une commission de l'évêque de Poitiers, et que le temps accordé par cette commission n'étant point expiré, ils continueraient leurs exorcismes, tant et combien de fois il leur plairait : qu'au reste, ils avaient prévenu ce digne prélat, afin qu'il pût venir lui-même, ou envoyer tels autres exorcistes qu'il lui conviendrait pour juger juridiquement de la possession, que les mondains et les incrédules osaient traiter de fourberie et d'illusion, au grand mépris de la gloire de Dieu et de la religion catholique : qu'au reste, ils n'empêchaient aucunement que le bailli et les autres officiers, accompagnés des médecins, ne vissent les religieuses, en attendant les réponses de l'évêque, qu'ils espéraient recevoir le lendemain : que c'était aux religieuses à leur ouvrir les portes si la chose leur convenait, mais que quant à eux, ils renouvelaient leurs protestations, déclarant qu'ils ne reconnaissaient pas le bailli pour juge, et qu'ils n'estimaient pas qu'il fût en droit, tant en fait d'exorcismes qu'en toute autre chose qui ressortît de la juridiction ecclé-siastique, de s'opposer à l'exécution d'un mandement de leurs supérieurs.

Le greffier vint rapporter cette réponse au bailli, qui, voulant attendre la venue de l'évêque, ou les nouveaux ordres qu'il enverrait, remit au lendemain sa visite au couvent. Le lendemain arriva sans qu'on entendît parler du prélat, ni sans qu'il envoyât personne.

Dès le matin le bailli s'était présenté au couvent, mais il n'avait pu être reçu : il attendit patiemment jusqu'à

## CRIMES CÉLÈBRES.

midi, et à cette heure, voyant que rien n'arrivait de Dissay, et qu'on refusait toujours de lui ouvrir, il fit droit à une seconde requête de Grandier, portant — que défenses seraient faites à Barré et Mignon d'adresser des questions à la supérieure et aux autres religieuses, tendant à noircir le suppliant ou aucun autre. — Cette ordonnance fut signifiée le même jour à Barré et à une religieuse pour toutes les autres. Barré, sans s'intimider de cette notification, continua de répondre que le bailli ne pouvait l'empêcher d'exécuter les mandemens de son évêque, et déclara qu'il ferait désormais les exorcismes par l'avis des ecclésiastiques, et sans y appeler les laïques, leur incrédulité et leur impatience dérangeant sans cesse la solennité nécessaire à cette sorte d'opération.

La journée s'étant aux trois quarts écoulée sans que l'évêque arrivât à Loudun, ni personne de sa part, Grandier présenta le soir une nouvelle requête au bailli. Celui-ci manda aussitôt les officiers du bailliage et les gens du roi, pour la leur communiquer; mais ces derniers se refusèrent à en prendre connaissance, déclarant sur leur honneur, que, sans accuser Grandier de ce funeste accident, ils croyaient les religieuses véritablement possédées, convaincus qu'ils étaient de cette possession par le témoignage des dévots ecclésiastiques qui avaient assisté aux exorcismes. Telle était la cause apparente de leur refus; la véritable était que l'avocat était parent de Mignon, et que le procureur était gendre de Trinquant, auquel il avait succédé. Ainsi Grandier, qui avait contre

## URBAIN GRANDIER.

lui déjà les juges ecclésiastiques, commençait à se voir
d'avance à demi condamné par les juges royaux, qui
n'avaient plus qu'un pas à faire, de la reconnaissance de
la possession, à la reconnaissance du magicien.

Néanmoins, les déclarations de l'avocat et du procureur du roi écrites et signées, le bailli ordonna que la
supérieure et la sœur laie seraient séquestrées et mises
en maisons bourgeoises, que chacune d'elles aurait une
religieuse pour lui tenir compagnie, qu'elles seraient as-
sistées, tant par leurs exorcistes que par des femmes de
probité et de considération, ainsi que par des médecins
et autres personnes qu'il commettrait lui-même pour les
gouverner, défendant à tous autres de les approcher sans
permission.

Le greffier fut envoyé au couvent avec ordre de dé-
noncer ce jugement aux religieuses; mais la supérieure
en ayant entendu lecture, répondit, tant pour elle que
pour la communauté, qu'elle ne reconnaissait point la
juridiction du bailli; qu'il y avait une commission de
l'évêque de Poitiers, en date du 18 de novembre, portant l'ordre qu'il désirait que l'on tînt dans l'affaire, et
qu'elle était prête à en faire remettre une copie entre les
mains du bailli, afin qu'il ne pût en prétexter cause d'i-
gnorance; que quant au séquestre, elle s'y opposait,
attendu qu'il était contraire au vœu de perpétuelle clô-
ture qu'elle avait fait, et dont elle ne pouvait être dis-
pensée que par l'évêque. Cette opposition ayant été faite
en présence de la dame de Charnisay, tante maternelle de
deux religieuses, et du chirurgien Mannouri, parent

## CRIMES CÉLÈBRES.

d'une autre, tous deux s'y joignirent, et protestèrent
d'attentat, au cas où le bailli voudrait passer outre ; déclarant qu'alors ils le prendraient à partie en son propre et
privé nom. L'acte en fut signé séance tenante et rap-
porté par le greffier au bailli, lequel ordonna que les
parties se pourvoiraient à l'égard du séquestre, et annonça que le lendemain, 24 novembre, il se rendrait au
couvent pour assister aux exorcismes.

Effectivement, le lendemain, à l'heure consignée en l'assignation, il fit appeler Daniel Roger, Vincent de Faux,
Gaspard Joubert, et Matthieu Fanson, tous quatre médecins, et leur faisant savoir dans quel but il les avait
mandés, leur ordonna de considérer attentivement les
deux religieuses qui leur seraient désignées par lui, et
d'examiner avec la plus scrupuleuse impartialité si les
causes de leur mal étaient feintes, naturelles ou surna-
turelles. Puis, cette recommandation faite, il se rendit
avec eux au couvent.

On les introduisit dans l'église, où ils furent placés
près de l'autel, séparé par une grille du chœur où chan-
taient ordinairement les religieuses, et vis-à-vis de laquelle la supérieure fut apportée, un instant après, couchée sur un petit lit. Alors Barré dit la messe, et pendant tout le temps qu'elle dura, la supérieure eut de
grandes convulsions. Ses bras et ses mains se tournèrent,
ses doigts demeurèrent crispés, ses joues s'enflèrent dé-
mesurément, et elle tourna les yeux de manière à n'en
plus laisser voir que le blanc.

La messe achevée, Barré s'approcha d'elle pour lui

## URBAIN GRANDIER.

donner la communion et pour l'exorciser, et tenant le
saint-sacrement à la main, il lui dit :

— *Adora Deum tuum,*          Adore ton Dieu, ton
*creatorem tuum.*                  créateur.

La supérieure resta un instant sans répondre, comme
si elle eût éprouvé une grande difficulté à prononcer cet
acte d'amour, puis enfin elle répondit :

— *Adoro te.*               Je t'adore.

— *Quem adoras ?*          Qui adores-tu ?

— *Jesus Christus,* Jésus-Christ, répondit la religieuse, qui ignorait que le verbe *adoro* commandait
l'accusatif.

A cette faute, que n'eût point faite un écolier de
sixième, de grands éclats de rire retentirent dans le
chœur, et Daniel Douin, assesseur de la prevôté, ne put
s'empêcher de dire tout haut :

—Voilà un diable qui n'est pas fort sur les verbes actifs.

Mais aussitôt Barré s'étant aperçu du mauvais effet
qu'avait produit le nominatif de la supérieure, lui demanda :

— *Quis est iste quem*      Quel est celui que tu
*adoras ?*                  adores ?

Il espérait que, comme la première fois, la possédée
répondrait encore *Jesus Christus* : il se trompait.

— *Jesu Christe,* répondit-elle.

A cette seconde faute contre les premières règles du
rudiment, les éclats de rire redoublèrent, et plusieurs
des assistans s'écrièrent :

—Ah! monsieur l'exorciste, voilà de bien pauvre latin.

## CRIMES CÉLÈBRES.

Barré fit semblant de ne point entendre, et lui demanda quel était le nom du démon qui s'était emparé d'elle. Mais la pauvre supérieure, troublée elle-même de l'effet inattendu qu'elle avait produit dans ses deux dernières réponses, resta long-temps muette, puis enfin à grand'peine prononça le nom d'*Asmodée*, sans oser le latiniser. Alors l'exorciste s'informa du nombre de diables que la supérieure avait dans le corps. Mais à cette question elle répondit assez couramment : *Sex*, six. Alors le bailli requit Barré de demander au diable combien il avait de compagnons. Cette réponse avait été prévue, et la religieuse interrogée répondit franchement, *Quinque*, cinq, ce qui rétablit un peu Asmodée dans l'opinion des assistans ; mais le bailli ayant adjuré la supérieure de dire en grec ce qu'elle venait de dire en latin, elle ne répondit rien, et l'adjuration ayant été renouvelée, elle revint aussitôt à son état naturel.

C'était fini pour le moment avec la supérieure : on produisit alors une petite religieuse qui paraissait pour la première fois en public ; elle commença par prononcer deux fois le nom de Grandier en éclatant de rire ; puis, se retournant vers l'auditoire : — Tous tant que vous êtes, dit-elle, vous ne faites rien qui vaille. — Comme on vit facilement qu'on ne tirerait pas grand parti de ce nouveau sujet, on le fit disparaître aussitôt, et l'on appela à sa place la sœur laie qui avait déjà débuté dans la chambre de la supérieure, et qui se nommait sœur Claire.

A peine celle-ci fut-elle dans le chœur qu'elle poussa

## URBAIN GRANDIER.

et un autre récollet, qui l'avait accompagné, exorcisèrent le patient, afin que les diables eussent à le quitter; puis ils entrèrent dans la salle, et exorcisèrent l'air, la terre *et les autres élémens;* alors seulement Grandier fut amené à son tour.

Pendant quelque temps on le retint au bout de la salle pour donner le temps aux exorcismes de produire leur effet; puis on le conduisit au-delà de la barre, où on lui ordonna de se mettre à genoux : Grandier obéit, mais sans ôter son chapeau ni sa calotte, ayant les mains liées derrière le dos; ce qui fit que le greffier arracha l'un et l'exempt l'autre, et les jetèrent aux pieds de Laubardemont. Alors le greffier, voyant qu'il avait les yeux fixés sur Laubardemont, comme attendant ce que celui-ci allait faire, lui dit : — Tourne-toi, malheureux, et adore le crucifix qui est sur le siége du juge. — Aussitôt Grandier se tourna sans murmure et avec une grande humilité, et levant les yeux au ciel, il demeura dix minutes à peu près dans une oraison mentale : cette oraison terminée, il reprit sa première posture.

Alors le greffier commença à lui lire son arrêt d'une voix tremblante, tandis qu'au contraire Grandier l'écoutait avec une grande constance et une merveilleuse tranquillité, quoique cet arrêt fût des plus terribles qui puissent être rendus, condamnant l'accusé à mourir le jour même après avoir reçu la question ordinaire et extraordinaire. Quand le greffier eut fini : — Messeigneurs, dit Grandier de la même voix dont il avait accoutumé de parler dans les autres circonstances, j'atteste Dieu le Père, le Fils, le Saint-Esprit et la Vierge, mon unique espérance, que je n'ai jamais été magicien, que je n'ai jamais commis de sacrilége, et que je ne connais point d'autre magie que celle de l'Écriture sainte, laquelle j'ai toujours prêchée, et que je n'ai jamais eu d'autre croyance que celle de notre sainte mère l'Église catholique, apostolique et romaine; je renonce au diable et à ses pompes; j'avoue mon Sauveur, et je le prie que le sang de sa croix me soit méritoire, et vous, messeigneurs, modérez, je vous prie, la rigueur de mon supplice, et ne mettez pas mon ame au désespoir!

A ces mots, espérant obtenir quelque chose du condamné par la crainte de la douleur, Laubardemont fit sortir les femmes et les curieux qui étaient au palais, et restant seul avec maître Houmain, lieutenant criminel d'Orléans, et les récollets, il dit à Grandier d'un ton fort sévère, qu'il n'y avait qu'un moyen pour lui d'obtenir quelque adoucissement à son arrêt, et que c'était en déclarant ses complices et en signant sa déclaration : à quoi Grandier répondit que n'ayant point commis de crime il ne pouvait avoir de complice. Alors Laubardemont ordonna que le patient fût conduit dans la chambre de la question, qui était attenante à celle du jugement : cet ordre fut exécuté à l'instant même.

La question en usage à Loudun était celle des brodequins, une des plus douloureuses de toutes : elle se donnait en mettant les deux jambes du patient entre quatre planches que l'on laçait avec des cordes, et en introduisant à coups de maillet des coins entre les deux planches du

## URBAIN GRANDIER.

milieu; la question ordinaire était de quatre coins, et la question extraordinaire était de huit : cette dernière ne se donnait en général qu'aux condamnés à mort, attendu qu'il était presque impossible d'y survivre, le patient, quand il sortait des mains du bourreau, ayant ordinairement les os des jambes broyés. M. de Laubardemont, de son autorité privée, et quoique cela ne se fût jamais fait, ajouta deux coins à la question extraordinaire; de sorte qu'au lieu de huit, Grandier devait en subir dix.

Ce n'était pas le tout : le commissaire royal et les récollets se chargèrent d'être les bourreaux.

Laubardemont fit attacher Grandier en la façon accoutumée, lui fit lier les jambes entre les quatre planches, et lorsque cela fut fait, renvoya l'exécuteur et ses valets; puis il se fit apporter par le gardien des instrumens et des bois, les coins, qu'il trouva trop petits ; malheureusement il n'y en avait point d'autres, et quelque menace que fissent le commissaire et les moines au gardien, ils ne purent s'en procurer de plus gros; ils s'informèrent alors combien de temps il faudrait pour en faire, le gardien demanda deux heures : c'était trop long, il fallut se contenter de ceux qu'on avait.

Alors commença le supplice : le père Lactance, après avoir exorcisé les instrumens de la torture, prit le maillet et enfonça le premier coin; mais il ne put tirer une plainte de Grandier, qui, pendant ce temps, récita à demi-voix une prière; il en prit alors un second, et à cette fois le patient, si plein de constance qu'il fût, ne put s'empêcher d'interrompre son oraison par deux gémissemens ; à

## CRIMES CÉLÈBRES.

chaque fois le père Lactance frappa plus fort, en criant : *Dicas, dicas* — Avoue, avoue!... — mot qu'il répéta avec tant de rage pendant tout le temps de la torture, que le nom lui en resta, et que le peuple ne l'appela plus que le père *Dicas*.

Ce second coin enfoncé, Laubardemont présenta au patient un manuscrit contre le célibat des prêtres, et lui demanda s'il reconnaissait qu'il fût écrit de sa main? Grandier dit que oui. Interrogé dans quel but il avait écrit ce livre, il répondit que c'était pour rendre le repos à une pauvre fille qu'il avait aimée, ainsi que le prouvaient ces deux vers qui étaient écrits à la fin :

> Si ton gentil esprit prend bien cette science,
> Tu mettras en repos ta bonne conscience.

Alors M. de Laubardemont demanda quel était le nom de cette fille; mais Grandier répondit que ce nom ne sortirait jamais de sa bouche, nul ne le sachant que lui et Dieu.

Sur quoi, M. de Laubardemont ordonna au père Lactance d'enfoncer le troisième coin.

Pendant qu'il entrait sous les coups redoublés du père Lactance, qui accompagnait chaque coup du mot *dicas*, Grandier s'écria : — Oh mon Dieu ! vous me tuez, et pourtant je ne suis ni magicien ni sacrilége.

Au quatrième coin, Grandier s'évanouit, en disant : — Oh ! père Lactance ! est-ce là de la charité? — Tout évanoui qu'il était, le père Lactance ne continua pas

## URBAIN GRANDIER.

moins de frapper ; de sorte qu'après avoir perdu connaissance par la douleur, la douleur la lui fit reprendre.

Laubardemont profita de ce moment pour lui crier à son tour d'avouer ses crimes ; mais Grandier lui dit : —Je n'ai point commis de crimes, monsieur, mais seulement des fautes. Comme homme, j'ai abusé des voluptés de la chair ; mais je m'en suis confessé, j'en ai fait pénitence, et crois en avoir obtenu le pardon par mes prières ; et ne l'eussé-je point obtenu, j'espère qu'en faveur de ce que je souffre en ce moment, Dieu me l'accorderait.

Au cinquième coin, Grandier s'évanouit encore ; on le fit revenir en lui jetant de l'eau au visage ; alors se tournant vers M. de Laubardemont : — Par grâce, lui dit-il, monsieur, faites-moi mourir tout de suite ; hélas! je suis homme, et ne réponds pas, si vous continuez de me torturer ainsi, de ne pas tomber dans le désespoir.

— Alors, signe ceci, et la question finira, répondit le commissaire royal en lui présentant un papier.

— Mon père, dit Urbain en se tournant vers le récollet, sur votre conscience, croyez-vous qu'il soit permis à un homme, pour se délivrer de la douleur, d'avouer un crime qu'il n'a pas commis ?

— Non, répondit le religieux ; car s'il meurt après un mensonge, il meurt en péché mortel.

— Continuez donc, dit Grandier ; car après avoir tant souffert de corps, je veux sauver mon ame. Et le père Lactance enfonça le sixième coin ; Grandier s'évanouit encore.

Lorsqu'il revint à lui, Laubardemont le somma d'a-

## CRIMES CÉLÉBRES.

vouer qu'il avait connu charnellement Élisabeth Blanchard, ainsi que celle-ci l'en avait accusé; mais Grandier répondit que non seulement il n'avait eu aucun
rapport intime avec elle, mais encore, que le jour où il
avait été confronté avec elle, il l'avait vue pour la première fois.

Au septième coin, les jambes de Grandier crevèrent,
et le sang jaillit jusqu'au visage du père Lactance, qui
l'essuya avec la manche de sa robe; alors Grandier s'é-
cria : — Seigneur! mon Dieu! ayez pitié de moi, je me
meurs; — et il s'évanouit une troisième fois. Le père
Lactance en profita pour se reposer et s'asseoir.

En revenant à lui, Grandier commença lentement une
prière si belle et si touchante que le lieutenant du prévôt
l'écrivit, ce dont s'étant aperçu Laubardemont, il lui dé-
fendit de la montrer à personne.

Au huitième coin, la moelle des os sortit par les bles-
sures : il devenait impossible d'en enfoncer davantage,
les jambes étaient aussi plates que les planches qui les
pressaient; d'ailleurs, le père Lactance était au bout de
ses forces.

On détacha Urbain Grandier et on le posa sur le carreau; ses yeux brillaient de fièvre et de douleur; et là il
improvisa une seconde prière, une véritable prière de
martyr, pleine d'enthousiasme et de foi; mais à la fin de
cette prière les forces lui manquèrent de nouveau, et il
s'évanouit une quatrième fois; le lieutenant du prévôt lui
versa un peu de vin dans la bouche, ce qui le fit revenir;
alors il fit un acte de contrition, renonçant encore une

## URBAIN GRANDIER.

fois à Satan, à ses pompes et à ses œuvres, et donnant son ame à Dieu.

Quatre hommes entrèrent ; on lui délia les jambes, qui, du moment où elles ne furent plus maintenues par les planches, retombèrent brisées, les chairs n'étant plus soutenues que par les nerfs ; puis, on l'emporta dans la chambre du conseil, où on le déposa sur de la paille devant le feu.

Au coin de la cheminée était assis un religieux augustin, qu'Urbain demanda pour confesseur ; Laubardemont le lui refusa, et lui présenta de nouveau le papier à signer ; mais Grandier lui répondit : — Si je ne l'ai pas signé pour m'épargner les tortures, je le signerai bien moins maintenant qu'il ne me reste plus qu'à mourir.

— Sans doute, répondit Laubardemont; mais ta mort sera ce que nous la ferons, rapide ou lente, douce ou cruelle ; signe donc ce papier.

Grandier l'écarta doucement avec la main, faisant de la tête un signe de refus ; alors Laubardemont se retira furieux, et donna l'ordre d'introduire le père Tranquille et le père Claude ; c'étaient les confesseurs qu'il avait choisis à Urbain : ils s'approchèrent alors de lui pour remplir leur mission; mais Grandier reconnaissant deux de ses bourreaux, répondit qu'il y avait quatre jours qu'il s'était confessé au père Grillau, et qu'il ne croyait pas avoir depuis quatre jours commis aucun péché qui compromît le salut de son ame; les deux pères crièrent à l'hérétique et à l'impie, mais rien ne put le déterminer à se confesser à eux.

## CRIMES CÉLÈBRES.

A quatre heures, les valets du bourreau vinrent le chercher, le placèrent sur une civière, et l'emportèrent ainsi
couché : en sortant, il rencontra le lieutenant criminel
d'Orléans, qui voulut l'exhorter de nouveau à avouer ses
crimes; mais Grandier répondit : — Hélas! monsieur, je
les ai tous dits, et n'ai plus rien sur la conscience.

— Ne voulez-vous point, lui demanda ce juge, que je
fasse prier Dieu pour vous?

— Vous m'obligerez beaucoup si vous voulez bien le
faire, dit Urbain, et même je vous en supplie.

Alors on lui mit dans la main une torche qu'il baisa en
sortant du palais, regardant tout le monde modestement
et d'un visage assuré, priant ceux qu'il connaissait de vouloir bien prier Dieu pour lui.

Sur le seuil de la porte on lui lut son arrêt, puis on le
mit dans une petite charrette, qui le conduisit devant
l'église de Saint-Pierre au Marché; arrivé là, Laubardemont ordonna qu'on le fît descendre; alors on le poussa
hors de la charrette; mais comme il avait les jambes brisées, il tomba sur ses genoux et de ses genoux sur le
ventre : il resta ainsi la face contre terre, en attendant
patiemment qu'on le vînt relever; on le porta sur le parvis, où on lui relut son arrêt, et comme le greffier venait
de l'achever, le père Grillau, son confesseur, qu'on avait
écarté de lui depuis quatre jours, fendit la foule, et se
jetant dans ses bras, l'embrassa en pleurant, sans pouvoir parler d'abord; mais bientôt reprenant ses forces :
— Monsieur, lui dit-il, souvenez-vous que notre Seigneur Jésus-Christ est monté à Dieu son père par les

## URBAIN GRANDIER.

tourmens et par la croix ; vous êtes habile homme, ne vous perdez point ; je vous apporte la bénédiction de votre mère, elle et moi prions Dieu qu'il vous fasse miséricorde et qu'il vous reçoive dans son paradis.

Ces paroles parurent rendre une nouvelle force à Grandier, il releva sa tête courbée par la douleur, fit, les yeux au ciel, une courte prière ; et se retournant vers le digne cordelier.

— Servez de fils à ma mère, lui dit-il ; priez Dieu pour moi, recommandez mon ame aux prières de tous nos bons religieux ; je m'en vais avec la consolation de mourir innocent, j'espère que Dieu me fera miséricorde et me recevra dans son paradis.

— N'avez-vous rien autre chose à me recommander ? continua le père Grillau.

— Hélas ! répondit Grandier, je suis condamné à une mort bien cruelle ; mon père, demandez au bourreau, je vous prie, s'il n'y aurait pas moyen de l'adoucir.

— J'y vais, dit le cordelier ; — et lui donnant l'absolution *in articulo mortis*, il descendit du parvis, et tandis que Grandier faisait son amende honorable, il alla tirer le bourreau à part, et lui demanda s'il n'y avait pas moyen d'épargner au patient sa terrible agonie, en lui passant une chemise soufrée. Le bourreau répondit que l'arrêt portant que Grandier serait brûlé vif, il ne pouvait employer un moyen aussi visible ; mais que moyennant la somme de trente écus, il s'engageait à l'étrangler au moment où il mettrait le feu au bûcher ; le père Grillau lui donna cette somme, et le bourreau prépara sa corde.

## CRIMES CÉLÈBRES.

Le cordelier attendit le patient au passage, et en l'embrassant une dernière fois, il lui dit tout bas ce qui venait d'être convenu entre lui et l'exécuteur. Grandier se retourna aussitôt vers ce dernier, et d'une voix pleine de reconnaissance : — Merci, mon frère, lui dit-il.

En ce moment, les archers ayant chassé, par ordre de Laubardemont, le père Grillau à coups de hallebarde, le cortége reprit sa marche, pour recommencer la même cérémonie devant l'église des Ursulines, et de là à la place Sainte-Croix ; sur le chemin, Urbain rencontra et reconnut Moussant et sa femme ; alors se penchant vers eux :

— Je meurs votre serviteur, leur dit-il, et s'il m'est échappé parfois quelque parole offensante contre vous, je vous prie de me pardonner.

Arrivé au lieu de l'exécution, le lieutenant du prévôt s'approcha de Grandier et lui demanda pardon.

— Vous ne m'avez point offensé, lui répondit-il, et vous n'avez fait que ce que votre charge vous obligeait à faire.

Alors le bourreau s'approcha de Grandier, abattit le derrière de la charrette et appela ses deux aides, qui emportèrent le condamné sur le bûcher, où ne pouvant pas se soutenir sur ses jambes, il fut maintenu au poteau par un cercle de fer qui le serrait par le milieu du corps. En ce moment, une troupe de pigeons sembla s'abattre du ciel, et sans être effrayée de cette foule si grande, que les archers à coups de hallebardes et de hampes ne pouvaient parvenir à fendre le peuple pour faire place

## URBAIN GRANDIER.

aux magistrats, se mit à voler autour du bûcher, tandis que l'un d'eux, blanc comme la neige, et sans une seule tache, se posa sur le faîte du poteau où était enchaîné Grandier. Les partisans de la possession s'écrièrent que c'était une troupe de diables qui venaient chercher leur maître ; mais beaucoup d'autres dirent aussi que les diables n'avaient point accoutumé de prendre une pareille forme, et soutinrent que ces colombes venaient, à défaut des hommes, rendre témoignage de l'innocence du patient. Pour combattre cette impression, un moine soutint le lendemain avoir vu un gros bourdon tourner autour de la tête d'Urbain Grandier, et comme, disait-il, Béelzébub veut dire, en hébreu, le dieu des mouches, il est évident que c'était le démon lui-même qui venait, sous la forme d'un de ses sujets, enlever l'ame du magicien.

Lorsque Grandier fut attaché et que le bourreau lui eut passé au cou la corde avec laquelle il devait l'étrangler, les pères exorcisèrent la terre, l'air et le bois, et demandèrent ensuite au patient s'il ne voulait pas publiquement confesser ses crimes, mais Urbain répondit qu'il n'avait plus rien à dire, et qu'il espérait, grâce au martyre qu'on lui faisait endurer, être ce jour-là même avec Dieu.

Le greffier lui lut alors son arrêt pour la quatrième fois, et lui demanda s'il persistait en ce qu'il avait dit à la question.

— Sans doute j'y persiste, répondit Urbain, car ce que j'ai dit est l'entière vérité.

Alors le greffier se retira en disant au patient que s'il

## CRIMES CÉLÈBRES.

avait quelque chose à dire au peuple il pouvait parler.

Mais ce n'était point là l'affaire des exorcistes : ils connaissaient l'éloquence et le courage de Grandier, et une constante et ferme dénégation au moment de la mort pouvait nuire à leurs intérêts. Ainsi donc, au moment où Grandier ouvrait la bouche, ils lui jetèrent une si grande quantité d'eau bénite au visage, qu'il en perdit la respiration ; cependant, au bout d'un instant, comme il se remettait, et qu'il allait parler, un des moines le baisa sur la bouche pour étouffer ses paroles. Grandier reconnut l'intention, et dit assez haut pour que ceux qui entouraient le bûcher l'entendissent : — Voilà un baiser de Judas.

A ces mots, la colère des moines monta à un si haut degré, que l'un d'eux le frappa trois fois au visage d'un crucifix, qu'il faisait semblant de lui faire baiser, ce dont on s'aperçut au sang qui, au troisième coup, jaillit de son nez et de ses lèvres ; il ne put donc que crier à la foule, qu'il lui demandait un *Salve Regina* et un *Ave Maria*, que beaucoup se mirent à entonner aussitôt, tandis que lui, les mains jointes et les yeux au ciel, se recommandait à Dieu et à la Vierge. Les exorcistes revinrent à la charge, et lui demandèrent s'il ne voulait pas se reconnaître... — J'ai tout dit, mes pères, j'ai tout dit, s'écria Grandier, j'espère en Dieu et dans sa miséricorde.

A ce refus, la fureur des exorcistes fut à son comble, et le père Lactance prenant une torche de paille, la trempa dans le seau de poix-résine qui était auprès du bûcher, et l'allumant à un flambeau : — Malheureux,

## URBAIN GRANDIER.

dit-il en s'adressant à Grandier et en lui brûlant le visage, ne veux-tu donc point te confesser, avouer tes crimes et renoncer au diable?

— Je ne suis point au diable, répondit Grandier en écartant la torche avec ses mains ; j'ai renoncé au diable, j'y renonce encore, ainsi qu'à ses pompes, et je prie Dieu de me faire miséricorde.

Alors, sans attendre l'ordre du lieutenant du prévôt, le père Lactance renversa le seau de poix-résine sur un angle du bûcher et y mit le feu; ce que voyant Grandier, il appela le bourreau à son aide. Le bourreau accourut aussitôt pour l'étrangler ; mais comme il n'en pouvait venir à bout et que le feu gagnait :

— Ah ! mon frère, lui dit le patient, était-ce là ce que vous m'aviez promis?

— Ce n'est pas ma faute, répondit le bourreau, les pères ont fait des nœuds à la corde, et elle ne peut plus errer.

— O père Lactance, père Lactance ! s'écria Grandier, où est donc la charité?

Puis, comme le feu gagnait, et que le bourreau, presque atteint déjà par la flamme, venait de sauter à bas du bûcher : — Écoute, dit-il en étendant la main dans les flammes, il y a un Dieu au ciel, un Dieu qui sera juge entre toi et moi : père Lactance, je t'assigne à comparaître devant lui dans les trente jours.

Alors, au milieu de la flamme et de la fumée, on le vit essayer de s'étrangler lui-même ; mais presque aussitôt, voyant que c'était impossible, ou peut-être pensant

## CRIMES CÉLÈBRES.

qu'il ne lui était point permis de se détruire il joignit les mains et dit à haute voix :

— *Deus meus, ad te vigilo, miserere mei.*

Mais un capucin, craignant qu'il n'eût le temps de dire autre chose, s'approcha du bûcher par le côté qui n'était point enflammé encore, et lui jeta au visage tout ce qui restait d'eau dans le bénitier.

Cette eau fit élever une fumée qui déroba un instant Grandier aux yeux des spectateurs : lorsqu'elle se dissipa, le feu avait gagné les vêtemens de Grandier ; on l'entendit cependant encore prier tout haut au milieu de la flamme. Enfin il appela trois fois Jésus, et chaque fois d'une voix plus affaiblie ; après la dernière fois, il poussa un gémissement, et pencha la tête sur sa poitrine.

En ce moment, les pigeons qui tournaient autour du bûcher s'envolèrent et semblèrent disparaître dans les nuages.

Urbain Grandier était mort.

Cette fois, le crime n'était point à l'accusé, mais aux juges et aux bourreaux : aussi le lecteur sera, nous en sommes certains, curieux de savoir ce qu'il advint d'eux.

Le père Lactance mourut le 18 septembre, c'est-à-dire, jour pour jour, un mois après Grandier, dans des douleurs si terribles, que les récollets dirent que c'était une

## URBAIN GRANDIER.

vengeance de Satan, tandis que beaucoup d'autres, se rappelant l'ajournement de Grandier, attribuèrent cette mort à la justice de Dieu. Plusieurs circonstances étranges la précédèrent, et contribuèrent à répandre ce dernier bruit. Nous en citerons une dont l'auteur de l'*Histoire des diables de Loudun* garantit l'authenticité.

Quelques jours après le supplice de Grandier, le père Lactance, atteint de la maladie dont il mourut, et sentant qu'elle avait une cause surnaturelle, résolut de faire un pèlerinage à Notre-Dame-des-Andilliers de Saumur, qui passait pour très-miraculeuse, et à laquelle chacun avait une grande foi dans le pays. Il eut pour faire ce voyage une place dans le carrosse du sieur de Canaye, qui allait, avec une compagnie de gens fort disposés au plaisir, se divertir à sa terre de Grand-Fonds, et qui, comptant s'amuser aux dépens de la frayeur du père Lactance, à qui, disait-on, les dernières paroles de Grandier tournaient l'esprit, lui avait offert cette place. En effet, on n'épargnait point les railleries au digne moine, lorsque tout-à-coup, en un chemin magnifique et sans cause apparente, le carrosse versa sens dessus dessous, sans que personne fût blessé : cet accident si étrange surprit les conviés, et arrêta les sarcasmes des plus hardis. De son côté, le père Lactance paraissait triste et confus, et le soir, pendant le souper, où il ne put manger, il ne fit que répéter :

— J'ai eu tort de refuser à Grandier le confesseur qu'il me demandait : Dieu me punit, Dieu me punit.

Le lendemain, on poursuivit le voyage, et toute la compagnie, préoccupée de l'état déplorable du père Lac-

## CRIMES CÉLÈBRES.

tance, avait perdu l'envie de rire et de plaisanter, lorsque tout-à-coup, dans le faubourg de Femet, au milieu d'un chemin excellent, sans rencontrer aucun obstacle, le carrosse versa une seconde fois, de la même façon que la première, et sans que personne fût encore blessé. Cependant, cette fois, comme il était visible que la main de Dieu était sur quelqu'un des voyageurs, et que ce quelqu'un était soupçonné d'être le père Lactance, chacun tira de son côté, le laissant seul, et se reprochant fort les deux ou trois jours que l'on avait passés en sa compagnie.

Le récollet continua son chemin vers Notre-Dame-des-Andilliers ; mais, si miraculeuse qu'elle fût, elle ne put obtenir de Dieu qu'il révoquât la sentence prononcée par le martyr, et le 18 septembre, à six heures et un quart du soir, c'est-à-dire un mois, jour pour jour, heure pour heure, après le supplice d'Urbain Grandier, le père Lactance expira au milieu d'atroces douleurs.

Quant au père Tranquille, son jour arriva quatre ans après. La maladie dont il mourut fut si étrange, que les médecins ayant déclaré qu'ils n'y connaissaient rien, et ses confrères de l'ordre de Saint-François craignant que les cris et les blasphèmes qu'il jetait, et qui étaient entendus de la rue, ne produisissent un mauvais effet pour sa mémoire, vis-à-vis de ceux surtout qui avaient vu mourir Urbain Grandier en priant, répandirent le bruit que c'étaient les diables qu'il avait expulsés du corps des religieuses qui étaient entrés dans le sien. Ce fut ainsi qu'il expira à l'âge de quarante-trois ans, en criant : —

## URBAIN GRANDIER.

Ah! que je souffre, mon Dieu! que je souffre! Tous les diables et tous les damnés ne souffrent pas ensemble autant que moi.

« En effet, dit le panégyriste du père Tranquille, dans lequel on trouve, retournés au profit de la religion, tous les détails de cette mort horrible, c'était un enfer bien chaud aux démons qu'une âme si généreuse dans le corps qu'ils tourmentaient. »

Cette épitaphe, que l'on mit sur son tombeau, fit foi pour les uns de sa sainteté et pour les autres de sa punition, selon qu'on était pour la possession ou contre elle :

† Ci-gît l'humble père Tranquille de Saint-Remi, prédicateur capucin : les démons, ne pouvant plus supporter son courage d'exorciste, l'ont fait mourir par leurs vexations, à ce portés par les magiciens, le dernier de mai 1638.

Mais une mort qui ne laissa aucun doute à personne fut celle du chirurgien Mannouri, qui avait, comme on se le rappelle, torturé Grandier. Un soir, sur les dix heures, comme il revenait d'un des bouts de la ville, visiter un malade, accompagné d'un de ses confrères et précédé de son frater, qui portait une lanterne, et qu'il était arrivé vers le milieu de la ville, dans une rue nommée le Grand-Pavé, entre les murailles du jardin des Cordeliers et les dehors du château, il s'arrêta tout-à-coup, et, les yeux fixés sur un objet invisible pour tous les autres, il s'écria en sursaut :

— Ah! voilà Grandier; — et comme on lui demandait

— Où cela? — il montrait du doigt l'endroit où il le croyait voir, tremblant de tous ses membres, et deman-

## CRIMES CÉLÈBRES.

dant : — Que me veux-tu, Grandier? que me veux-tu?
— Oui..... oui, j'y vais.

En ce moment, la vision s'évanouit ; cependant le coup
était porté : le chirurgien et le frater ramenèrent Mannouri
chez lui ; mais ni les lumières ni le jour ne purent dissiper sa terreur, il voyait sans cesse Grandier au pied de
son lit. Pendant huit jours cette agonie dura à la vue de
toute la ville ; enfin, le neuvième, il sembla au moribond
que le spectre changeait de place, et s'avançait insensi-
blement vers lui ; car il ne cessa de crier, — Il approche,
il approche! — et de faire avec la main des mouvemens
comme pour l'écarter ; enfin, les yeux fixés sur la terrible
vision, il expira le soir, vers la même heure où Grandier
était mort lui-même.

Reste Laubardemont : voilà ce qu'on trouve à propos
de lui dans les lettres de M. Patin :

« Le 9 de ce mois, à neuf heures du soir, un carrosse fut attaqué par des voleurs : le bruit qu'on fit obligea
les bourgeois de sortir de leurs maisons, autant peut-être
par curiosité que par charité. On tira de part et d'autre
quelques coups de fusil, un des voleurs fut couché sur le
carreau, et un laquais de leur parti arrêté. Les autres
s'enfuirent ; le blessé mourut le lendemain matin, sans
rien dire, sans se plaindre et sans déclarer qui il était :
il a été enfin reconnu. On a su qu'il était fils d'un maître
des requêtes. nommé Laubardemont, qui condamna en
1634 le pauvre curé de Loudun. Urbain Grandier, et le
fit brûler tout vif, sous ombre qu'il avait envoyé le diable
dans le corps des religieuses de Loudun, que l'on faisait

## URBAIN GRANDIER.

apprendre à danser, afin de persuader aux sots qu'elles
étaient démoniaques. Ne voilà-t-il pas une punition divine dans la famille de ce malheureux juge, pour expier
la mort cruelle et impitoyable de ce pauvre prêtre, dont le
sang crie vengeance ! »

On devine que les poètes ne demeurèrent point en reste
des publicistes : parmi les vers qui furent faits à cette
époque, en voici quelques-uns d'une touche assez ferme
et d'une tournure assez large. C'est Urbain Grandier
qui parle.

> L'enfer a révélé que, par d'horribles trames,
> Je fis pacte avec lui pour débaucher les femmes.
> De ce dernier délit personne ne se plaint :
> Et, dans l'injuste arrêt qui me livre au supplice,
> Le démon qui m'accuse est auteur et complice
> Et reçu pour témoin du crime qu'il a feint.
>
> L'Anglais, pour se venger, fit brûler la Pucelle ;
> De pareilles fureurs m'ont fait brûler comme elle.
> Même crime nous fut imputé faussement.
> Paris la canonise, et Londres la déteste.
> Dans Loudun, l'un me croit enchanteur manifeste,
> L'autre m'absout. Un tiers suspend son jugement.
>
> Comme Hercule, je fus insensé pour les femmes ;
> Je suis mort comme lui consumé dans les flammes ;
> Mais son trépas le fit placer au rang des dieux.
> Du mien l'on a voilé si bien les injustices,
> Qu'on ne sait si les feux funestes ou propices
> M'ont noirci pour l'enfer ou purgé pour les cieux.
>
> En vain, dans les tourmens a relui ma constance ;
> C'est un magique effet, je meurs sans repentance.
> Mes discours ne sont point du style des sermons :

## CRIMES CÉLÈBRES.

Baisant le crucifix, je lui crache à la joue;
Levant les yeux au ciel, je fais aux saints la moue.
Quand j'invoque mon Dieu, j'appelle les démons.

D'autres, moins prévenus, disent, malgré l'envie,
Qu'on peut louer ma mort sans approuver ma vie;
Qu'être bien résigné marque espérance et foi;
Que pardonner, souffrir sans plainte, sans murmure,
Est charité parfaite, et que l'âme s'épure,
Quoique ayant vécu mal, en mourant comme moi.

NOTES.

# NOTES.

¹ Nous n'avons pu retrouver que l'un de ces pactes, reproduit dans l'Histoire des Diables de Loudun, imprimée à Amsterdam en 1726 ; mais il est probable que les autres devaient être faits sur le même modèle.

« Monsieur et maître Lucifer,

» Je vous reconnais pour mon dieu, et vous promets de vous servir pendant que je vivrai ; je renonce à un autre Dieu et à Jésus-Christ et autres saints et saintes, et à l'église apostolique et romaine, et à tous les sacremens d'icelle, et à toutes les prières et oraisons que l'on pourrait faire pour moi, et vous promets de faire tout le mal que je pourrai et d'attirer à faire le mal le plus de personnes que je pourrai, et renonce à chrême et à baptême, et à tous les mérites de Jésus-Christ et de ses saints : et, au cas que je manque à vous servir et adorer et faire hommage trois fois le jour, je vous donne ma vie comme étant à vous :

» La minute est aux enfers, dans un coin de la terre, au cabinet de Lucifer, signée du sang du magicien. »

On comprend pourquoi le diable ne rapportait pas l'original lui-même : cette copie lui sauvait un faux : Asmodée savait son code criminel.

² Ce mot n'est pas le seul que nous soyons forcé de laisser en blanc ; car les religieuses, pour prouver la possession, affectaient une liberté de paroles et d'actions que nous ne pouvons suivre dans tous ses écarts. Ainsi, nous aurions pu faire beaucoup de citations pareilles à celles dont les premières lignes suivent ; mais nous avons toujours été arrêté, comme nous le sommes cette fois encore.

VII. Et la sœur Claire se trouva si fort tentée de....... avec son grand ami, qu'elle disait être ledit Grandier, qu'un jour s'étant approchée pour recevoir la sainte communion, elle se leva soudain et monta dans sa chambre, où, ayant été suivie par quelqu'une des sœurs, elle fut vue avec un crucifix dans la main, dont elle...... ( Histoire des Diables de Loudun, page 182. Extrait des preuves qui sont au procès de Grandier. )

IX. Quant aux séculiers, la déposition d'Elisabeth Blanchard, suivie et confirmée par celle de Suzanne Hammon, n'est pas une des moins

## CRIMES CÉLÈBRES.

considérables ; car elle déclare avoir été connue charnellement par l'accusé, lequel un jour après avoir..... avec elle, lui dit que si elle voulait aller au sabbat, il la ferait princesse des magiciens.

Voici encore quelques autres preuves prises au hasard, et qui nous ont paru non moins curieuses.

III. Entre les témoins de cette accusation, il y en a cinq fort considérables, savoir : trois femmes, dont la première dit qu'un jour, après avoir reçu la communion de l'accusé, qui la regarda fixement pendant cet acte, elle fut incontinent surprise d'un violent amour pour lui, qui commença par un petit frisson par tous ses membres.

L'autre dit : qu'ayant été arrêtée par lui dans la rue, il lui serra la main, et qu'incontinent elle fut éprise d'une forte passion pour lui.

Enfin, la troisième dit : qu'après l'avoir regardé à la porte de l'église des Carmes, où il entrait avec la procession, elle sentit de très-grandes émotions, et eut des mouvemens tels, qu'elle eût volontiers désiré...... avec lui, quoique avant ce moment elles n'eussent point eu de particulière inclination pour lui, étant d'ailleurs fort vertueuses et en très-bonne réputation.

IV. Les deux autres sont un avocat et un maçon, dont le premier dépose avoir vu lire à l'accusé des livres d'Agrippa ; l'autre, que, travaillant à réparer son étude, il vit un livre sur sa table, ouvert à l'endroit d'un chapitre qui traitait des moyens pour se faire aimer des femmes : il est vrai que le premier ne s'est aucunement expliqué à la confrontation, et a dit qu'il croit que les livres d'Agrippa dont il avait entendu parler par la déposition, sont *De vanitate scientiarum :* mais cette explication est fort suspecte, parce que l'avocat s'était retiré de Loudun, et ne voulut subir la confrontation qu'après y avoir été forcé.

V. La seconde information contient la déposition de quatorze religieuses, dont il y en a huit de possédées, et de six séculières, qu'on dit aussi être possédées. Il serait impossible de rapporter par abrégé ce qui est contenu dans toutes ces dépositions, parce qu'il n'y a mot qui ne mérite considération : il est seulement à remarquer que toutes ces religieuses, tant libres que travaillées, aussi bien que les séculières, ont eu un amour fort déréglé pour l'accusé, l'ont vu de jour et de nuit dans le couvent les solliciter d'amour, etc.

# VANINKA.

# VANINKA.

## 1800-1801.

Sur la fin du règne de l'empereur Paul I<sup>er</sup>, c'est-à-dire vers le milieu de la première année du dix-neuvième siècle, comme quatre heures de l'après-midi venaient de sonner à l'église de Saint-Pierre et Saint-Paul, dont la flèche d'or domine les remparts de la forteresse, un rassemblement assez considérable de gens de toutes conditions commença de se former vis-à-vis la maison du général comte Tchermayloff, ex-commandant militaire d'une ville assez considérable située dans le gouvernement de Pultava. Ce qui avait donné occasion aux premiers curieux de s'arrêter, c'étaient les apprêts qu'ils avaient vu faire, au milieu de la cour, du supplice du knout, que devait subir un esclave du général, qui remplissait auprès de lui les fonctions de barbier. Quoique ce soit une chose assez commune à Saint-Pétersbourg que l'application de ce genre de peine, elle n'en attire pas moins, lorsqu'elle se fait d'une manière publique, tous ceux à peu près qui

## CRIMES CÉLÈBRES.

passent dans la rue ou devant la maison où elle doit avoir lieu. C'était donc ce qui était arrivé en cette occasion et ce qui avait causé le rassemblement qui, ainsi que nous l'avons dit, s'était formé devant la maison du général Tchermayloff.

Au reste, les spectateurs, si pressés qu'ils fussent, n'eurent pas le droit de se plaindre qu'on les faisait attendre, car vers quatre heures et demie, un jeune homme de vingt-quatre à vingt-six ans, revêtu de l'élégant uniforme d'aide de camp et la poitrine couverte de décorations, parut sur le petit perron qui s'élevait au fond de la cour, en avant du corps de bâtiment qui faisait face à la grande porte et qui donnait entrée dans les appartemens du général. Arrivé là, il s'arrêta un instant, fixa les yeux sur une fenêtre dont les rideaux hermétiquement fermés ne laissaient pas la moindre chance à sa curiosité, quelle qu'elle fût, de se satisfaire; puis, voyant qu'il serait inutile qu'il perdît son temps à regarder de ce côté, il fit un signe de la main à un homme à barbe qui se tenait debout près d'une porte qui donnait dans les bâtimens réservés aux serviteurs; aussitôt la porte s'ouvrit, et l'on vit s'avancer, au milieu des esclaves, que l'on forçait d'assister à ce spectacle pour qu'il leur servît d'exemple, le coupable qui allait recevoir la punition de la faute qu'il avait commise, et qui était suivi de l'exécuteur. Ce patient était, comme nous l'avons dit, le barbier du général; quant à l'exécuteur, c'était tout bonnement le cocher, que son habitude de manier le fouet élevait ou abaissait, comme on le voudra, chaque fois qu'une exé-

## VANINKA.

cution pareille avait lieu, aux fonctions de bourreau ;
fonctions, au reste, qui ne lui ôtaient rien de l'estime
ni même de l'amitié de ses camarades, bien convaincus
qu'ils étaient que le cœur d'Ivan n'était pour rien dans leur
supplice, mais que c'était son bras seul qui agissait. Or,
comme son bras était, ainsi que le reste de son corps, la
propriété du général, et qu'en conséquence ce dernier
pouvait en faire ce que bon lui semblait, ils ne s'étonnaient
aucunement qu'il l'employât à cet usage. Il y avait plus,
une correction administrée par Ivan était presque toujours plus douce qu'elle ne l'eût été venant de la part
d'un autre. Car il arrivait parfois qu'Ivan, qui était un
bon garçon, escamotait un ou deux coups de knout sur la
douzaine, ou, s'il était forcé par celui qui assistait au supplice de mettre de l'ordre dans ses comptes, il s'arran-
geait de manière à ce que l'extrémité du fouet frappât la
planche de sapin sur laquelle était couché le coupable,
ce qui ôtait au coup sa plus douloureuse percussion.
Aussi, lorsque c'était le tour d'Ivan de s'étendre sur la
couche fatale et de recevoir pour son compte la correction
qu'il était dans l'habitude d'administrer celui qui jouait
momentanément le rôle d'exécuteur avait-il alors pour
lui les mêmes ménagemens qu'Ivan avait eus pour les
autres, et ne se souvenait-il que des coups épargnés, et
non des coups reçus. Au reste, cet échange de bons
procédés entretenait entre Ivan et ses camarades une
douce union, qui n'était jamais si resserrée qu'au moment
où une exécution nouvelle allait avoir lieu : il est vrai
que la première heure qui la suivait était ordinairement

aussi toute à la souffrance, ce qui rendait quelquefois le knouté injuste pour le knouteur. Mais il était rare que cette prévention ne disparût pas dès le soir même, et que la rancune tînt contre le premier verre d'eau-de-vie que le bourreau buvait à la santé du patient.

Celui sur lequel Ivan allait avoir à exercer cette fois son adresse, était un homme de trente-cinq à trente-six ans, aux cheveux et à la barbe roux, d'une taille un peu au-dessus de la moyenne, et dont on reconnaissait l'origine grecque à son regard, qui, tout en exprimant la crainte, avait conservé, si l'on peut parler ainsi, derrière cette expression momentanée, son caractère habituel de finesse et de ruse. Arrivé près de l'endroit où l'exécution devait avoir lieu, le patient s'arrêta, jeta un regard sur la fenêtre vers laquelle s'était déjà dirigée l'attention du jeune aide de camp, et qui restait toujours hermétiquement fermée ; puis reportant circulairement les yeux sur la foule qui encombrait l'entrée de la rue, il finit par les arrêter, avec un frissonnement douloureux d'épaules, sur la planche où il devait être étendu. Ce mouvement n'échappa point à son ami Ivan, qui s'approchant de lui pour enlever la chemise d'étoffe rayée qui lui couvrait les épaules, en profita pour lui dire à demi-voix :

— Allons, Grégoire, du courage.

— Tu sais ce que tu m'as promis, répondit le patient avec une expression indéfinissable de prière.

— Pas pour les premiers coups, Grégoire, ne compte pas là-dessus. Pendant les premiers coups, l'aide de

## VANINKA.

camp regardera ; mais sur les derniers, sois tranquille, nous trouverons bien moyen de lui escamoter quelque chose.

— Prends surtout garde à la pointe du fouet.

— Je ferai de mon mieux , Grégoire, je ferai de mon mieux ; est-ce que tu ne me connais pas?

— Hélas ! si , répondit Grégoire.

— Eh bien ? dit l'aide de camp.

—Voici, votre noblesse, répondit Ivan, nous y sommes.

— Attendez , attendez , votre haute origine, s'écria le pauvre Grégoire, donnant, pour le flatter, au jeune capitaine le titre de *vache vousso korodié*, sous lequel on désigne les colonels ; il me semble que la fenêtre de mademoiselle Vaninka s'ouvre.

Le jeune capitaine porta vivement les yeux vers l'endroit qui déjà, ainsi que nous l'avons dit, avait plusieurs fois attiré son attention ; mais pas un pli des rideaux de soie, qu'on apercevait à travers les carreaux, n'avait bougé.

— Tu te trompes, drôle, dit l'aide de camp en détachant lentement ses yeux de la fenêtre, comme s'il eût espéré, lui aussi, la voir s'ouvrir, tu te trompes ; et d'ailleurs qu'a à faire ta noble maîtresse dans tout ceci?

— Pardon, votre excellence, continua Grégoire, gratifiant l'aide de camp d'un nouveau grade ; mais c'est que..... comme c'est à cause d'elle que je vais recevoir..... il se pourrait qu'elle eût pitié d'un pauvre serviteur..... et....

— Assez, dit le capitaine avec un accent étrange, et

comme si lui-même eût été de l'avis du patient et eût regretté que Vaninka n'eût pas fait grâce, — assez, et dépêchons.

— A l'instant, votre noblesse, à l'instant même, dit Ivan; puis se retournant vers Grégoire : — Allons, camarade, continua-t-il, voilà le moment.

Grégoire poussa un profond soupir, jeta un dernier regard vers la fenêtre, et voyant que tout restait de ce côté dans le même état, il se décida enfin à se coucher sur la planche fatale; en même temps, deux autres esclaves, qu'Ivan avait choisis pour ses aides, lui prirent les mains, et lui étendant les bras, lui attachèrent les poignets à deux poteaux placés à distance, de sorte qu'il se trouva à peu près comme s'il eût été mis en croix : alors on lui emboîta le cou dans un carcan, et voyant que tout était prêt et qu'aucun signe favorable au coupable n'apparaissait à la fenêtre toujours fermée, le jeune aide de camp fit un signe de la main, et dit : — Allons.

—Patience, votre noblesse, patience, dit Ivan, retardant encore l'exécution, dans l'espérance que quelque signe sortirait de l'inexorable fenêtre; c'est qu'il y avait un nœud à mon knout, et si je l'y laissais, Grégoire aurait droit de se plaindre.

L'instrument dont s'occupait l'exécuteur, et dont la forme est peut-être inconnue à nos lecteurs, est une espèce de fouet dont le manche peut avoir deux pieds de long à peu près ; à ce manche s'attache une lanière de cuir plat, dont la largeur est de deux doigts, et la longueur de quatre pieds, cette lanière se termine par un

## VANINKA.

anneau de cuivre ou de fer, auquel tient comme prolongement de la première une autre bande de cuir, longue de deux pieds, et large d'abord d'un pouce et demi, mais s'amincissant toujours, jusqu'à ce qu'elle finisse en pointe : on trempe cette lanière dans le lait, puis on la fait sécher au soleil, de sorte que, grâce à cette préparation, son extrémité devient aussi aiguë et aussi tranchante que celle d'un canif : en outre, et ordinairement tous les six coups, on change la lanière, parce que le contact du sang amollit celle dont on s'est servi.

Quelque mauvaise volonté, ou quelque maladresse qu'Ivan mît à défaire son nœud, il lui fallut bien cependant en finir; d'ailleurs les spectacteurs commençaient à murmurer, et leurs murmures ayant tiré le jeune aide de camp de la rèverie ou il paraissait être tombé, il releva sa tête abaissée sur sa poitrine, jeta un dernier coup d'œil vers la fenêtre, et, voyant que rien n'annonçait que la miséricorde viendrait de ce côté, il se tourna de nouveau vers le cocher, et avec un signe plus impérieux, et d'une voix dont l'accent n'admettait pas de retard, il lui ordonna de commencer l'exécution.

Il n'y avait plus à reculer, Ivan devait obéir ; aussi n'essaya-t-il plus de chercher même un nouveau prétexte : se reculant de deux pas pour prendre son élan, il revint à la place où il était d'abord ; se haussant sur la pointe des pieds, il fit flamboyer le knout au-dessus de sa tête, et, l'abaissant tout d'un coup, il en frappa Grégoire, avec une telle adresse que la lanière fit trois fois le tour du corps de la victime, l'enveloppant comme

## CRIMES CÉLÈBRES.

un serpent, et alla frapper de sa pointe le dessous de la planche sur laquelle il était couché. Néanmoins, malgré cette précaution Grégoire jeta un grand cri , et Ivan compta un.

A ce cri, le jeune aide de camp s'était retourné vers la fenêtre; mais la fenêtre était restée fermée, et machinalement il avait reporté les yeux sur le patient en répétant le mot — un.

Le knout avait tracé un triple sillon bleuâtre sur les épaules de Grégoire.

Ivan reprit son élan, et avec la même adresse que la première fois il enveloppa de nouveau le torse du patient de sa lanière sifflante, ayant le soin toujours que la pointe ne l'atteignît point. Grégoire poussa un second cri, et Ivan compta deux.

Cette fois le sang commença non pas de jaillir, mais de venir à la peau.

Au troisième coup quelques gouttes de sang parurent.

Au quatrième le sang jaillit.

Au cinquième des éclaboussures sautèrent à la figure du jeune officier, qui se recula, tira son mouchoir et s'essuya le visage. Ivan profita de cette circonstance, qui l'avait distrait, pour compter sept au lieu de six. Le capitaine ne fit aucune observation.

Au neuvième coup, Ivan s'interrompit pour changer de lanière, et, dans l'espoir qu'une seconde supercherie passerait avec autant de bonheur que la première, il compta onze au lieu de dix. En ce moment une fenêtre placée en face de celle de Vaninka s'ouvrit. Un homme

## VANINKA.

de quarante-cinq à quarante-huit ans, revêtu de l'uniforme de général, y apparut, puis, de la même voix dont il aurait dit : Courage , redoublez, — il dit : *Assez, c'est bien !* — et referma la fenêtre.

Aussitôt l'apparition, le jeune aide de camp s'était retourné du côté de son général, la main gauche collée à la couture de son pantalon et la main droite à son chapeau, et était resté immobile pendant les quelques secondes qu'avait duré l'apparition : puis, la fenêtre refermée, il avait redit après le général les mêmes paroles ; de sorte que le fouet levé retomba sans toucher le patient.

— Remercie sa haute excellence, Grégoire, dit alors Ivan en roulant la lanière du knout autour de son manche, car il te fait grâce de deux coups ; ce qui, ajouta-t-il en se baissant pour lui délier la main, avec deux que je t'ai escamotés, te fait seulement un total de huit coups au lieu de douze. — Allons donc, vous autres, déliez-lui donc l'autre main.

Mais le pauvre Grégoire n'était en état de remercier personne ; presque évanoui de douleur, à peine s'il pouvait se soutenir. Deux mougiks le prirent par-dessous les bras et le ramenèrent, toujours suivi d'Ivan, au logement des esclaves. Cependant, arrivé à la porte, il s'arrêta, retourna la tête, et apercevant l'aide de camp qui le suivait des yeux d'un air de pitié :

— Monsieur Fœdor, lui cria-t-il, remerciez de ma part sa haute excellence le général. Quant à mademoiselle Vaninka, ajouta-t-il à voix basse, je me charge de la remercier moi-même.

## CRIMES CÉLÈBRES.

— Que murmures-tu entre tes dents?—s'écria le jeune officier avec un mouvement de colère; car il avait cru remarquer dans la voix de Grégoire un accent de menace.

— Rien, votre noblesse, rien, dit Ivan : le pauvre garçon vous remercie, monsieur Fœdor, de la peine que vous avez prise d'assister à son exécution, et il dit que c'est bien de l'honneur pour lui; voilà tout.

— C'est bon, c'est bon, dit le jeune homme, se doutant qu'Ivan changeait quelque chose au texte original, mais ne voulant pas évidemment en savoir davantage;— et que si Grégoire ne veut pas me redonner cette peine, il boive un peu moins d'eau-de-vie, ou que, quand il sera ivre, il se souvienne au moins d'être plus respectueux.

Ivan fit un signe de profonde soumission, et suivit ses camarades. Fœdor rentra sous le vestibule, et la foule se retira, fort mécontente de la mauvaise foi d'Ivan et de la générosité du général, qui lui avait fait tort de quatre coups de knout, c'est-à-dire du tiers de son exécution.

Et maintenant que nous avons fait faire connaissance à nos lecteurs avec quelques-uns des personnages de cette histoire, qu'ils nous permettent de les mettre en relation plus directe avec ceux qui n'ont fait qu'apparaître, ou qui sont restés cachés derrière le rideau.

Le général comte Tchermaylof, qui, ainsi que nous l'avons dit, après avoir eu le gouvernement d'une des villes les plus importantes des environs de Pultava, avait été rappelé à Saint-Pétersbourg par l'empereur Paul I<sup>er</sup>, qui l'honorait d'une amitié toute particulière,

## VANINKA.

était resté veuf avec une fille, qui avait hérité de la fortune , de la beauté et de l'orgueil de sa mère, laquelle prétendait descendre directement de l'un des capitaines de cette race de Tartares qui, sous les ordres de D'Gengis, envahirent, au treizième siècle, la Russie. Par un hasard fatal, ces dispositions hautaines avaient été encore augmentées chez la jeune Vaninka par l'éducation qu'elle avait reçue. N'ayant plus sa femme, et ne pouvant s'occuper lui-même de sa fille, le général Tchermaylof avait fait choix pour elle d'une gouvernante anglaise, qui, au lieu de combattre les penchans dédaigneux de son élève, n'avait fait que leur donner un nouveau développement en fortifiant son aristocratie naturelle des principes raisonnés qui font de la noblesse anglaise la noblesse la plus orgueilleuse de la terre. Au milieu des différentes études auxquelles s'était livrée Vaninka, il y en avait donc une à laquelle elle s'était attachée spécialement, c'était, si l'on peut le dire, la science de sa position : aussi connaissait-elle parfaitement le degré de noblesse et de puissance de toutes les familles appartenant à la noblesse, celles qui avaient le pas sur la sienne, et celles qu'elle primait; elle pouvait sans se tromper, chose qui cependant n'est point facile en Russie, appeler chacun par le titre que lui donne le droit de prendre son rang. Aussi avait-elle le plus profond mépris pour tout ce qui était au-dessous de l'excellence. Quant aux serfs et aux esclaves, on comprend qu'avec le caractère donné de Vaninka ils n'existaient point pour elle : c'étaient des animaux à barbe,

## CRIMES CÉLÈBRES.

fort au-dessous, pour le sentiment qu'ils lui inspiraient, de son cheval ou de son chien : et certes elle n'eût pas un instant mis en balance la vie d'un moujik avec celle de l'un ou de l'autre de ces intéressans animaux. Au reste, comme toutes les femmes distinguées de sa nation, elle était assez bonne musicienne, et parlait également bien le français, l'italien, l'allemand et l'anglais.

Quant aux traits de son visage, ils s'étaient développés en harmonie avec son caractère. Il en résultait que Vaninka était belle, mais d'une beauté peut-être un peu arrêtée. En effet, son grand œil noir, son nez droit, ses lèvres relevées aux deux coins par l'expression dédaigneuse de sa physionomie, faisaient naître au premier abord, dans ceux qui s'approchaient d'elle, une impression étrange qui ne s'effaçait que devant ses égaux ou ses supérieurs, pour lesquels elle redevenait une femme comme toutes les femmes, tandis que pour les subalternes elle restait fière et inabordable comme une déesse.

A dix-sept ans, l'éducation de Vaninka étant terminée, son institutrice, dont le rude climat de Saint-Pétersbourg avait déjà altéré la santé, demanda sa retraite. Elle lui fut accordée avec cette fastueuse reconnaissance dont les seigneurs russes sont à cette heure en Europe les derniers représentans : alors Vaninka se trouva seule, et n'ayant plus pour la diriger dans le monde que l'aveugle amour de son père, dont elle était, comme nous l'avons dit, la fille unique, et qui, dans sa rude et sauvage admiration pour elle, la regardait comme un composé de toutes les perfections humaines.

## VANINKA.

Les choses en étaient à ce point dans la maison du général, lorsqu'il reçut une lettre qu'un de ses amis d'enfance lui écrivait à son lit de mort. Exilé dans ses terres à la suite de quelques démêlés avec Potemkin, le comte Romayloff avait vu interrompre sa carrière, et, n'ayant pu reconquérir sa faveur perdue, il s'en allait mourant de tristesse à quatre cents lieues de Saint-Pétersbourg, moins encore peut-être de son exil et de son propre malheur que parce que ce malheur avait atteint dans sa fortune et dans son avenir son fils unique, Fœdor. Le comte, sentant qu'il allait le laisser seul et sans appui dans le monde, recommandait, au nom de son ancienne amitié, ce jeune homme au général, désirant que, grâce à la faveur dont il jouissait auprès de Paul I<sup>er</sup>, il obtînt pour lui une lieutenance dans un régiment. Le général répondit aussitôt au comte que son fils trouverait en lui un second père ; mais lorsque arriva le message consolateur, Romayloff n'était plus, et ce fut Fœdor qui reçut la lettre et l'apporta au général, en venant lui annoncer, la perte qu'il avait faite, et réclamer la protection promise ; cependant quelque diligence qu'il eût faite, le général était déjà en mesure, et Paul I<sup>er</sup>, sollicité par lui, avait accordé au jeune homme, une sous-lieutenance dans le régiment Semonowski; de sorte que Fédor entra en fonctions le lendemain même de son arrivée.

Quoique le jeune homme n'eût fait que passer, pour ainsi dire, à travers la maison du général pour se rendre aux casernes situées dans le quartier de la Litenoi, il y était resté assez de temps pour voir Vaninka et en em-

## CRIMES CÉLÈBRES.

porter un profond souvenir : d'ailleurs, Fœdor arrivant le cœur gros de passions primitives et généreuses, sa reconnaissance pour le protecteur qui lui ouvrait une carrière était profonde, et tout ce qui lui appartenait lui semblait avoir des droits à sa gratitude; de sorte que peut-être s'exagéra-t-il la beauté de celle qu'on lui présenta comme sa sœur, et qui, sans égard pour ce titre, le reçut avec la froideur et l'orgueil d'une reine. Au reste, cette apparition, toute froide et glacée qu'elle avait été, n'en avait pas moins laissé, comme nous l'avons dit, sa trace dans le cœur du jeune homme, et son arrivée à Saint-Pétersbourg avait été marquée par une impression nouvelle et inconnue jusque alors dans sa vie.

Quant à Vaninka, à peine avait-elle remarqué Fœdor : en effet, qu'était pour elle un jeune sous-lieutenant sans fortune et sans avenir? Ce qu'elle rêvait, c'était quelque union princière qui fît d'elle une des plus puissantes dames de la Russie ; et, à moins de voir se réaliser pour son compte un rêve des Mille et une Nuits, Fœdor ne pouvait rien lui promettre de pareil.

Quelques jours après cette première entrevue, Fœdor revint prendre congé du général ; son régiment faisait partie du contingent qu'emmenait avec lui en Italie le feld-maréchal Suvarow ; et Fœdor allait ou se faire tuer, ou se rendre digne du noble protecteur qui avait répondu de lui.

Cette fois, soit que l'uniforme élégant dont il était revêtu eût ajouté encore à la beauté naturelle de Fœdor, soit qu'au moment du départ, et dans l'exaltation de l'es-

pérance, son enthousiasme eût couronné le jeune homme
d'une auréole de poésie, Vaninka, toute étonnée du changement merveilleux qui s'était fait en lui, daigna, sur l'invitation de son père, tendre sa main à celui qui les quittait.
C'était bien au-delà de ce que Fœdor eût osé espérer; aussi
mit-il un genou en terre, comme il eût fait devant une
reine, et prenant la main de Vaninka entre ses mains
tremblantes, à peine osa-t-il l'effleurer de ses lèvres : mais,
si léger qu'eût été ce baiser, Vaninka avait frémi comme si
un fer brûlant l'eût touchée, car elle avait senti un frisson
lui courir par tout le corps et une rougeur ardente monter à son visage. Aussi, avait-elle retiré si vivement sa
main, que Fœdor, craignant que cet adieu, si respectueux
qu'il était, ne l'eût blessée, resta à genoux, joignit les
mains, et leva les yeux sur elle avec une telle expression
de crainte, que Vaninka, oubliant son orgueil, le rassura
par un sourire. Fœdor se releva, le cœur plein d'une joie
indéfinissable, et sans pouvoir dire d'où cette joie lui venait; mais ce dont il se rendait parfaitement compte,
c'est que, quoiqu'il fût sur le point de quitter Vaninka,
il n'avait jamais été si heureux qu'il l'était en ce moment.

Le jeune officier partit en faisant des rêves d'or; car
son horizon, qu'il fût sombre ou brillant, était digne d'envie : s'il aboutissait à une tombe sanglante, il avait cru
voir dans les yeux de Vaninka qu'il serait regretté d'elle;
s'il s'ouvrait sur la gloire, la gloire le ramenait en
triomphe à Saint-Pétersbourg, et la gloire est une reine
qui fait des miracles pour ses favoris.

## CRIMES CÉLÈBRES.

L'armée dont faisait partie le jeune officier traversa l'Allemagne, déboucha en Italie par les montagnes du Tyrol, et entra à Vérone le 14 avril 1799; aussitôt Souvarow fit sa jonction avec le général Mélas, et prit le commandement des deux armées. Le lendemain le général Chasteler lui proposa de faire une reconnaissance; mais Souvarow, le regardant avec étonnement, lui répondit :

— Je ne sais pas d'autre moyen de reconnaître l'ennemi que de marcher à lui et de le battre.

En effet, Souvarow était habitué à cette stratégie expéditive : c'était ainsi qu'il avait vaincu les Turcs à Folkschany et à Ismaïloff; c'était ainsi qu'il avait conquis la Pologne après une campagne de quelques jours, et pris Praga en moins de quatre heures. Aussi Catherine reconnaissante avait envoyé au général victorieux une couronne de chêne entrelacée de pierres précieuses du prix de six cent mille roubles; lui avait expédié un bâton de commandant en or massif tout garni de diamans; l'avait créé feld-maréchal général avec la faculté de choisir un régiment qui porterait son nom à toujours; puis, à son retour, lui avait permis d'aller prendre quelque repos dans une terre magnifique dont elle lui avait fait don, ainsi que des huit mille serfs qui l'habitaient. Quel merveilleux exemple pour Fœdor ! Souvarow, fils d'un simple officier russe, avait été élevé à l'école des Cadets, et était parti sous-lieutenant comme lui : pourquoi dans le même siècle n'y aurait-il pas deux Souvarow ?

Souvarow arrivait donc précédé d'une réputation immense, religieux, ardent, infatigable, impassible, vivant

## VANINKA.

avec la simplicité d'un Tartare, combattant avec la vivacité
d'un Cosaque ; c'était bien l'homme qu'il fallait pour continuer les succès du général Mélas sur les soldats de la république, découragés par les ineptes hésitations de Scherer. D'ailleurs l'armée austro-russe, forte de cent mille
hommes, n'avait devant elle que vingt-neuf à trente mille
français.

Souvarow débuta, ainsi que c'était sa coutume, par
un coup de tonnerre. Le 20 avril, il se présenta devant
Brescia, qui voulut résister en vain ; après une canonnade
qui avait duré une demi-heure à peine, la porte de Pes-
cheria avait été enfoncée à coups de haches, et la division
Korsakow, dont le régiment de Fœdor formait l'avant-
garde, était entrée dans la ville au pas de charge , pour-
suivant la garnison, qui, composée de mille deux cents
hommes seulement, se réfugia dans la citadelle. Pressé
avec une impétuosité que les Français n'avaient pas l'habitude de trouver dans leurs ennemis, et voyant déjà les
échelles dressées contre les remparts, le chef de brigade
Boucret demanda à capituler ; mais la position était trop
précaire pour qu'il obtînt aucune condition de ses sauvages vainqueurs. Boucret et ses soldats furent faits pri-
niers de guerre.

Souvarow était l'homme du monde qui savait le mieux
profiter d'une victoire : à peine maître de Brescia, dont
la rapide occupation avait jeté un nouveau découragement
dans notre armée, il avait ordonné au général Kray de
presser vigoureusement le siége de Prescheria : en conséquence, le général Kray avait établi son quartier à

## CRIMES CÉLÈBRES.

Valeggio, à distance égale de Preschiera et de Mantoue, s'étendant depuis le Pô jusqu'au lac de Garda, sur la rive du Mencio, et investissant à la fois les deux villes. Pendant ce temps le général en chef, se portant en avant avec le gros de son armée, passait l'Oglio sur deux colonnes, étendait une de ses colonnes sous les ordres du général Rosemberg du côté de Bergame, et poussait l'autre, sous la conduite de Mélas, jusque sur le Sério; tandis que des corps de sept ou huit mille hommes, commandés par les généraux Kaïm et Hohenzollern, étaient dirigés sur Plaisance et sur Crémone, bordant toute la rive gauche du Pô; de sorte que l'armée austro-russe s'avançait, déployant quatre-vingt mille hommes sur un front de dix-huit lieues.

A la vue des forces qui s'avançaient, et qui étaient triples des siennes, Scherer, battant en retraite sur toute sa ligne, avait fait rompre les ponts qu'il avait sur l'Adda, n'espérant point pouvoir les défendre, et avait transporté son quartier général à Milan, attendant dans cette ville une réponse à la lettre qu'il avait adressée au directoire, et dans laquelle, reconnaissant tacitement son incapacité, il envoyait sa démission. Mais, comme son successeur tardait à arriver, et que Souvarow s'avançait toujours, de plus en plus épouvanté de la responsabilité qui pesait sur lui, Scherer avait remis le commandement entre les mains d'un de ses plus habiles lieutenans : le général choisi par le démissionnaire lui-même était Moreau, qui allait encore une fois combattre ces mêmes Russes dans les rangs desquels il devait mourir.

## VANINKA.

Cette nomination inattendue fut proclamée au milieu des cris de joie des soldats : celui que sa magnifique campagne sur le Rhin avait fait nommer le Fabius français parcourut toute la ligne de son armée, salué par les acclamations successives de ses différentes divisions, qui criaient : — Vive Moreau ! vive le sauveur de l'armée d'Italie !

Mais cet enthousiasme, si grand qu'il fût, n'avait point aveuglé Moreau sur la terrible position où il se trouvait : sous peine d'être débordé par ses deux extrémités, il lui fallait présenter une ligne parallèle à celle de l'armée russe ; de sorte que, pour faire face à son ennemi, force lui était de s'étendre du lac de Lecco à Pizzighitone, c'est-à-dire sur une ligne de vingt lieues. Il est vrai qu'il pouvait se retirer vers le Piémont, concentrer ses troupes sur Alexandrie, et attendre là les renforts que le directoire promettait d'envoyer : mais en opérant ainsi il compromettait l'armée de Naples en la livrant isolée à l'ennemi. Il résolut donc de défendre le passage de l'Adda le plus long-temps possible, afin de donner à la division Dessolles, que devait lui envoyer Masséna, le temps d'arriver en ligne pour défendre sa gauche, tandis que la division Gauthier, à laquelle l'ordre avait été donné d'évacuer la Toscane, arriverait à marches forcées pour se réunir à sa droite.

Quant à lui, il se porta au centre pour y défendre de sa personne le pont fortifié de Cassano, dont la tête était couverte par le canal Ritorto, qu'occupaient, avec une nombreuse artillerie, des avant-postes retranchés.

## CRIMES CÉLÈBRES.

Puis, toujours aussi prudent que brave, Moreau prit toutes ses mesures pour assurer, en cas d'échec, sa retraite vers les Apennins et la côte de Gênes.

Ses dispositions étaient à peine terminées, que l'infatigable Souvarow entra dans Triveglio : en même temps que l'arrivée du général en chef russe dans cette dernière ville, Moreau apprit la reddition de Bergame et de son château, et le 25 avril il aperçut les têtes de colonnes de l'armée alliée.

Le même jour, le général russe divisa ses troupes en trois fortes colonnes, correspondant aux trois points principaux de la ligne française, mais supérieures chacune de plus du double aux troupes qu'elles avaient à combattre : la colonne de droite, conduite par le général Wukassowich, s'avança vers la pointe du lac de Lecco, où l'attendait le général Serrurier; la colonne de gauche, sous le commandement de Mélas, vint se placer en face des retranchemens de Cassano; enfin, les divisions autrichiennes des généraux Zopf et Ott, qui formaient le centre, se concentrèrent à Canonia, pour être à portée, au moment donné, de s'emparer de Vaprio. Les troupes russes et autrichiennes bivouaquèrent à portée de canon des avant-postes français.

Le soir même, Fœdor, qui faisait partie avec son régiment de la division Chasteler, écrivit au général Tchermayloff.

« Nous sommes enfin en face des Français; une grande bataille doit avoir lieu demain matin : demain soir je serai lieutenant ou mort. »

## VANINKA.

Le lendemain, qui était le 26 avril, le canon retentit dès la pointe du jour aux extrémités de la ligne : c'étaient, à notre extrême gauche, les grenadiers du prince Bagration qui attaquaien'; c'était, à notre extrême droite, le général Seckendorff qui, détaché du camp de Triveglio, marchait sur Créma.

Les deux attaques eurent lieu avec un succès bien différent : les grenadiers de Bagration furent repoussés avec une perte terrible; tandis que Seckendorff, au contraire, chassait les Français de Créma, et poussait ses reconnaissances jusqu'au pont de Lodi.

Les prévisions de Fœdor furent trompées, son corps d'armée ne donna point de toute la journée, et son régiment resta immobile, attendant des ordres qui n'arrivèrent pas.

Les dispositions de Souvarow n'étaient point entièrement prises, il avait encore besoin de la nuit pour les accomplir.

Pendant cette nuit, Moreau, ayant appris les avantages qu'avait remportés Seckendorff à son extrême droite, avait fait parvenir à Serrurier l'ordre de ne laisser à Lecco, qui était un poste facile à défendre, que la dix-huitième demi-brigade légère et un détachement de dragons, et de se replier sur le centre avec le reste de ses troupes ; Serrurier reçut l'ordre vers les deux heures du matin, et l'exécuta aussitôt.

De leur côté, les Russes n'avaient point perdu leur temps : profitant de l'obscurité de la nuit, le général Wukassowich avait fait rétablir le pont détruit par les Fran-

## CRIMES CÉLÈBRES.

çais à Brévio, tandis que le général Chasteler en faisait construire un nouveau deux milles au-dessous du château de Trezzo. Ces deux ponts avaient été l'un réparé et l'autre construit sans que les avant-postes français en eussent eu le moindre soupçon. Surpris à quatre heures du matin par les deux divisions autrichiennes qui, masquées par le village de San-Gervasio, avaient atteint la rive droite de l'Adda sans être aperçues, les soldats chargés de défendre le château de Trezzo l'abandonnèrent et battirent en retraite; les Autrichiens les poursuivirent jusqu'à Pozzo ; mais là les Français s'arrêtèrent tout-à-coup et firent volte-face : c'est qu'à Pozzo était le général Serrurier et les troupes qu'il ramenait de Lecco, et qu'ayant entendu derrière lui la canonnade, il s'était arrêté un instant, et, obéissant à la première loi de la guerre, il avait marché vers le bruit et vers la fumée : c'était donc lui qui ralliait la garnison de Trezzo et qui reprenait l'offensive, envoyant un de ses aides de camp à Moreau pour le prévenir de la manœuvre qu'il avait cru devoir faire.

Le combat s'engagea alors entre les troupes françaises et les troupes autrichiennes avec un acharnement inouï; c'est que les vieux soldats de Bonaparte avaient pris, dans leurs premières campagnes d'Italie, une habitude à laquelle ils ne pouvaient renoncer : c'était de battre les sujets de sa majesté impériale partout où ils les rencontraient. Cependant la supériorité du nombre était telle, que nos troupes commençaient à reculer, lorsque de grands cris, poussés à l'arrière-garde, annoncèrent un renfort : c'était le général Grenier qui,

## VANINKA.

envoyé par Moreau, arrivait avec sa division au moment
où sa présence était le plus nécessaire.

Une partie de la nouvelle division renforça les colonnes,
doublant les masses du centre, tandis que l'autre s'éten-
dit sur la gauche pour envelopper les généraux ennemis;
puis le tambour battit de nouveau sur toute la ligne, et
nos grenadiers commencèrent à reconquérir ce champ
de bataille déjà pris et repris deux fois. Mais en ce moment un renfort arrivait aux Autrichiens : c'était le marquis de Chasteler et sa division : le nombre se trouvait
de nouveau du côté de l'ennemi. Grenier replia aussitôt
son aile pour en renforcer le centre, et Serrurier, dispo-
sant sa retraite en échiquier, se replia sur Pozzo, où il
attendit l'ennemi.

Ce fut sur ce point que se concentra le fort de la bataille; trois fois le village de Pozzo fut pris et repris,
jusqu'à ce qu'enfin, attaqués une quatrième fois par des
forces doubles des leurs, les Français furent obligés de
l'évacuer. Dans cette dernière attaque, un colonel autri-
chien fut blessé mortellement; mais, en revanche, le général Beker, qui commandait l'arrière-garde française,
n'ayant pas voulu battre en retraite avec ses soldats, fut
entouré avec quelques hommes, et, après les avoir vus
tomber les uns après les autres autour de lui, fut forcé de
rendre son épée à un jeune officier russe, du régiment de
Semenofskoi, qui remit son prisonnier aux soldats qui le
suivaient, et retourna aussitôt au combat.

Les deux généraux français avaient pris pour point de
ralliement le village de Vaprio ; mais, dans le premier

## CRIMES CÉLÈBRES.

moment de désordre qu'avait jeté dans nos troupes l'évacuation de Pozzo, une charge si profonde avait été faite
par la cavalerie autrichienne, que Serrurier se trouva
séparé de son collègue, et fut forcé de se retirer, avec
deux mille cinq cents hommes, sur Verderio, tandis que
Grenier, atteignait seul le point convenu et s'arrêtait à
Vaprio pour faire de nouveau face à l'ennemi.

Pendant ce temps un combat terrible se livrait au
centre. Mélas, avec dix-huit à vingt mille hommes, avait
attaqué les postes fortifiés qui se trouvaient, comme nous
l'avons dit, en tête du pont de Cassano et de Ritorto-
Canale. Dès sept heures du matin et comme Moreau
venait de se dégarnir de la division Grenier, Mélas, con-
duisant en personne trois bataillons de grenadiers autrichiens, avait attaqué les ouvrages avancés. Là, pendant
deux heures, avait eu lieu un carnage terrible : repoussés trois fois, en laissant plus de quinze cents
hommes au pied des fortifications, les Autrichiens étaient
revenus trois fois à la charge, renforcés chaque fois de
troupes fraîches, et toujours conduits et encouragés par
Mélas, qui avait ses anciennes défaites à venger. Enfin,
attaqués une quatrième fois, forcés dans leurs retranchemens, les Français, en disputant le terrain pied à pied,
vinrent s'abriter dans leur seconde enceinte, qui défendait la tête du pont même, et que commandait Moreau
en personne. Là, pendant deux heures encore, on lutta
homme contre homme, tandis qu'une artillerie terrible
se renvoyait la mort presque bouche à bouche. Enfin,
les Autrichiens, ralliés une dernière fois, s'avancèrent à la

## VANINKA.

baïonnette, et, à défaut d'échelles, ou de brèche, empilant contre les fortifications les corps de leurs camarades tués, ils parvinrent à escalader le parapet. Il n'y avait pas un instant à perdre ; Moreau ordonna la retraite, et tandis que les Français repassaient l'Adda, il protégea de sa personne leur passage avec un seul bataillon de grenadiers, dont, au bout d'une demi-heure, il ne lui restait plus que cent vingt hommes. Trois de ses aides de camp, en outre, avaient été tués à ses côtés. Mais la retraite s'était opérée sans désordre ; il se retira alors à son tour, faisant toujours face à l'ennemi, qui mettait le pied sur le pont au moment où il atteignait l'autre rive. A l'instant même les Autrichiens s'élancèrent à sa poursuite ; mais tout-à-coup un bruit terrible se fit entendre, dominant celui de l'artillerie : la deuxième arche du pont venait de sauter, emportant dans les airs tous ceux qui couvraient l'espace fatal ; chacun recula de son côté, et dans l'espace laissé vide on vit retomber, comme une pluie, des débris d'hommes et de pierres.

Mais, à l'instant même où Moreau venait de mettre un obstacle momentané entre lui et Mélas, il vit arriver en désordre le corps d'armée du général Grenier, qui avait été forcé d'évacuer Vaprio, et qui fuyait, poursuivi par l'armée austro-russe de Zopf, d'Ott et de Chasteler. Moreau ordonna un changement de front, et faisant face à ce nouvel ennemi qui lui tombait sur les bras au moment où il s'y attendait le moins, il parvint à rallier les troupes de Grenier et à rétablir la bataille. Mais pendant qu'il se retournait contre lui, Mélas réta-

## CRIMES CÉLÈBRES.

blissait le pont, et passait, à son tour, la rivière. Moreau se trouva alors attaqué en tête et sur ses deux flancs par des forces triples des siennes. Ce fut alors que tous les officiers qui l'entouraient le supplièrent de songer à sa retraite ; car du salut de sa personne dépendait pour la France la conservation de l'Italie. Moreau résista long-temps, car il comprenait les conséquences terribles de la bataille qu'il venait de perdre, et à laquelle il ne voulait pas survivre, quoiqu'il lui fût impossible de la gagner ; mais une troupe d'élite l'enveloppa, et, formant autour de lui un bataillon carré, recula, tandis que le reste de l'armée se faisait tuer pour protéger la retraite de celui dont le génie était regardé comme la seule espérance qui lui restât.

Le combat dura encore près de trois heures, pendant lesquelles l'arrière-garde de l'armée fit des prodiges. Enfin, Mélas, voyant que son ennemi lui était échappé, et sentant que ses troupes, fatiguées d'une lutte aussi opiniâtre, avaient besoin de repos, ordonna de cesser le combat, et s'arrêta sur la rive gauche de l'Adda, s'échelonnant dans les villages d'Imago, de Gorgonzola, et de Cassano, demeurant ainsi maître du champ de bataille, sur lequel nous laissions deux mille cinq cents morts, cent pièces de canon et vingt obusiers.

Le soir, Souvarow ayant invité le général Beker à souper avec lui, lui demanda quel était celui qui l'avait fait prisonnier. Beker répondit que c'était un jeune officier du régiment qui était entré le premier dans Pozzo : Souvarow s'informa aussitôt quel était ce régiment ; on

## VANINKA.

lui répondit que c'était celui de Semenofskoi; le général
en chef ordonna alors qu'on fît des recherches pour connaître le nom de ce jeune homme. Un instant après, on
annonçait le sous-lieutenant Fœdor Romayloff. Il venait
apporter à Souvarow l'épée du général Beker. Souvarow
le retint à souper avec lui et son prisonnier.

Le lendemain, Fœdor écrivait à son protecteur:

« J'ai tenu ma parole, je suis lieutenant, et le feld-
maréchal Souvarow a demandé pour moi à sa majesté
Paul I<sup>er</sup> l'ordre de Saint-Vladimir. »

Le 28 avril, Souvarow entrait à Milan, que Moreau
venait d'abandonner pour se retirer derrière le Tésin, et
faisait appliquer sur tous les murs de cette capitale la
proclamation suivante, qui peint admirablement l'esprit
du héros moscovite :

« L'armée victorieuse de l'empereur apostolique et
romain est ici : elle combat uniquement pour le rétablissement de la sainte religion, du clergé, de la noblesse,
et de l'antique gouvernement d'Italie.

» Peuples, unissez-vous à nous pour Dieu et pour la
foi ; car nous sommes arrivés avec une armée à Milan et
à Plaisance pour vous secourir. »

Les victoires si chèrement achetées de la Trebia et
de Novi succédèrent à celle de Cassano, et laissèrent
Souvarow tellement affaibli, qu'il ne put profiter de ses
avantages ; d'ailleurs, au moment où le général russe
allait se remettre en route, un nouveau plan arriva, envoyé par le conseil aulique de Vienne. Les puissances
alliées avaient décrété l'envahissement de la France, et,

## CRIMES CÉLÈBRES.

désignant à chaque général la route qu'il devait suivre pour accomplir ce nouveau plan, avaient décidé que Souvarow entrerait en France par la Suisse , et que l'archiduc lui céderait ses positions et se rabattrait sur le Bas-Rhin. Les troupes avec lesquelles Souvarow, qui, laissant Moreau et Macdonald en face des Autrichiens , devait désormais opérer contre Masséna, étaient trente mille Russes qu'il avait avec lui sous les armes; trente mille autres, détachés de l'armée de réserve que le comte de Toistoy commandait en Gallicie, et qui devaient être amenés en Suisse par le général Korsakoff; vingt-cinq à trente mille Autrichiens commandés par le général Hotze ; enfin, cinq à six mille émigrés français, sous la conduite du prince de Condé ; en tout quatre-vingt-dix à quatre-vingt-quinze mille hommes.

Fœdor avait été blessé en entrant à Novi ; mais Souvarow avait couvert sa blessure avec une seconde croix, et le grade de capitaine avait hâté sa convalescence; de sorte que le jeune officier, plus heureux encore que fier du nouveau degré militaire qu'il venait de conquérir, se trouva en état de suivre l'armée lorsque le 18 septembre elle commença son mouvement vers Salvedra, et commença de pénétrer avec son général dans la vallée du Tésin.

Tout avait bien été jusque alors, et tant qu'il était demeuré dans les riches et belles plaines de l'Italie, Souvarow n'avait qu'à se louer du courage et du dévouement de ses soldats; mais lorsque aux champs fertiles de la Lombardie, arrosés par de belles rivières aux doux noms, ils virent succéder les âpres chemins de la Lévan-

## VANINKA.

tine et se dresser devant eux, couvertes de neiges éternelles, les cimes sourcilleuses du Saint-Gothard, alors l'enthousiasme s'éteignit, l'énergie disparut, et de sombres pressentimens s'emparèrent du cœur de ces sauvages enfans du Nord. Des murmures inattendus coururent sur toute la ligne ; puis tout-à-coup l'avant-garde s'arrêta, déclarant qu'elle ne voulait pas aller plus loin. En vain Fœdor , qui commandait une compagnie, pria, supplia ses soldats de se séparer de leurs camarades, et de donner l'exemple en marchant les premiers ; les soldats de Fœdor jetèrent leurs armes et se couchèrent à côté d'elles. Au moment où ils venaient de donner cette preuve d'insubordination, de nouveaux murmures s'élevèrent à la queue de l'armée, s'approchant comme une tempête : c'était Souvarow qui passait de l'arrière-garde à l'avant-garde, et qui arrivait, accompagné de cette terrible preuve de mutinerie et d'insubordination qu'il soulevait sur toute la ligne à mesure qu'il passait devant elle. Lorsqu'il arriva en tête de la colonne, ces murmures devinrent des imprécations.

Alors Souvarow s'adressa à ses soldats avec cette éloquence sauvage à laquelle il devait les miracles qu'il avait opérés avec eux. Mais les cris de *la retraite ! la retraite!* couvrirent sa voix. Alors il fit prendre les plus mutins et les fit frapper du bâton jusqu'à ce qu'ils succombassent sous ce honteux supplice. Mais les châtimens n'eurent pas plus d'influence que les exhortations, et les cris continuèrent. Souvarow vit que tout était perdu, s'il n'employait pas, pour ramener les factieux, quelque

## CRIMES CÉLEBRES.

moyen puissant et inattendu. Il s'avança vers Fœdor.

— Capitaine, lui dit-il, laissez là ces drôles : prenez huit sous-officiers, et creusez une fosse.

Fœdor, étonné, regarda son général, comme pour lui demander l'explication de cet ordre étrange.

— Faites ce que j'ai commandé, dit Souvarow.

Fœdor obéit, les huit sous-officiers se mirent à la besogne. Dix minutes après, la fosse était creusée, au grand étonnement de toute l'armée, qui était réunie en demi-cercle, s'échafaudant sur les deux montagnes qui bordaient la route, comme sur les gradins d'un vaste amphithéâtre.

Alors Souvarow descendit de cheval, brisa son sabre et le jeta dans la fosse ; il détacha, l'une après l'autre, ses épaulettes, et les jeta avec son sabre ; puis il arracha les décorations qui lui couvraient la poitrine, et les jeta avec son sabre et ses épaulettes ; enfin, se mettant nu, il s'y coucha lui-même à son tour, criant à haute voix :

— Couvrez-moi de terre, abandonnez ici votre général ! Vous n'êtes plus mes enfans, je ne suis plus votre père : il ne me reste qu'à mourir.

A ces mots étranges, qui furent prononcés d'une voix si puissante qu'ils avaient été entendus de toute l'armée, les grenadiers russes se jetèrent dans la fosse en pleurant, et enlevèrent leur général dans leurs bras, en lui demandant pardon et en le suppliant de les conduire à l'ennemi.

— A la bonne heure ! cria Souvarow, je reconnais mes enfans. A l'ennemi ! à l'ennemi !

Ce ne furent point des cris, mais des hurlemens, qui répondirent à ces paroles. Souvarow se rhabilla, et pen-

## VANINKA.

dant qu'ils se rhabillait, les plus mutins, se traînant sur la poussière, venaient lui baiser les pieds. Puis, lorsque ses épaulettes furent reboutonnées à ses épaules, lorsque ses croix brillèrent de nouveau sur sa poitrine, il remonta à cheval, suivi de l'armée, dont tous les soldats juraient d'une seule voix de mourir jusqu'au dernier plutôt que d'abandonner leur père.

Le même jour, Souvarow attaque Aerolo ; mais les mauvais jours commençaient à naître, et le vainqueur de Cassano, de la Trebia et de Novi, avait laissé la fortune lassée dans les plaines de l'Italie. Pendant douze heures six cents Français arrêtèrent trois mille grenadiers russes sous les murs de la ville, si bien que la nuit arriva sans que Souvarow eût pu les en chasser. Le lendemain, il fait marcher toutes ses troupes pour envelopper cette poignée de braves ; mais le ciel se couvre, et bientôt le vent chasse une pluie froide au visage des Russes. Les Français profitent de cette circonstance pour battre en retraite, évacuent la vallée d'Urseren, passent la Reuss, et vont se mettre en bataille sur les hauteurs de la Fourca et du Grimsel. Mais une partie du but de l'armée russe est atteinte, le Saint-Gothard est à elle. Il est vrai qu'aussitôt qu'elle s'en éloignera les Français le reprendront et lui fermeront la retraite ; mais qu'importe à Souvarow ? n'est-il pas habitué à marcher toujours en avant?

Il marche donc sans s'inquiéter de ce qu'il laisse derrière lui, gagne Andermatt, franchit le Trou d'Ury, et trouve Lecourbe gardant avec quinze cents hommes les défilés du Pont-au-Diable.

## CRIMES CÉLÈBRES.

Là la lutte recommence ; pendant trois jours quinze cents Français arrêtent trente mille Russes. Souvarow rugit comme un lion enveloppé dans des filets ; car il ne comprend plus rien à sa fortune. Enfin, le quatrième jour, il apprend que le général Korsakoff, qui l'a précédé et qu'il doit rejoindre, s'est fait battre par Molitor, et que Masséna a repris Zurich et occupe le canton de Glaris. Alors il renonce à suivre la vallée de la Reuss, et écrit à Korsakoff et à Jallachieh : « J'accours pour réparer vos fautes ; tenez ferme comme des murailles ; vous me répondez sur votre tête de chaque pas que vous ferez en arrière. » L'aide de camp était, en outre, chargé de communiquer aux généraux russes et autrichiens un plan de bataille verbal ; c'était l'ordre aux généraux Linsken et Jallachieh d'attaquer les troupes françaises chacun de son côté, et d'opérer leur jonction dans la vallée de Glaris, où Souvarow lui-même devait descendre par le Klon-Thal, pour enfermer Molitor entre deux murailles de fer.

Souvarow était si sûr que ce plan devait réussir, qu'en arrivant sur les bords du lac de Klon-Thal, il envoya un parlementaire pour sommer Molitor de se rendre, attendu, lui dit-il, qu'il était entouré de tous côtés : Molitor fit répondre alors au maréchal que le rendez-vous donné par lui à ses généraux était manqué, attendu qu'il les avait battus l'un après l'autre et repoussés dans les Grisons ; mais qu'en revanche, comme Masséna s'avançait par Muotta, c'était lui, Souvarow, qui se trouvait à son tour entre deux feux : en conséquence, Molitor le sommait de mettre bas les armes.

## VANINKA.

En écoutant cette étrange réponse, Souvarow crut qu'il faisait un rêve; mais bientôt revenant à lui, et comprenant le danger qu'il y avait à rester dans les défilés où il se trouvait, il se précipita sur le général Molitor : celui-ci le reçut à la pointe de ses baïonnettes, et là, fermant le défilé, il contint pendant huit heures, avec douze cents hommes, quinze à dix-huit mille russes. Enfin, la nuit venue, Molitor évacua le Klon-Thal, et se retira sur la Linth pour défendre les ponts de Nœfels et de Mollis. Le vieux maréchal se répandit alors comme un torrent sur Glaris et Mitlodi, et là il apprit que Molitor lui avait dit la vérité; que Jallachich et Linsken étaient battus et dispersés; que Masséna s'avançait sur Schwitz, et que le général Rosemberg, à qui il avait confié la défense du pont de Muotta, avait été forcé de se replier; de sorte qu'il allait bien véritablement se trouver lui-même dans la position où il avait cru mettre Molitor.

Il n'y avait pas de temps à perdre pour battre en retraite : Souvarow se jeta dans les défilés d'Engi, de Schwauden et d'Elm, précipitant tellement sa marche, qu'il abandonna ses blessés et une partie de son artillerie. Aussitôt les Français se lancèrent à sa poursuite, le joignant tantôt dans les précipices, tantôt dans les nuages. Alors on vit des armées tout entières passer là où des chasseurs de chamois ôtaient leurs souliers, marchaient pieds nus, et s'aidaient de leurs mains pour ne pas tomber; trois peuples venus de trois points différens s'étaient donné rendez-vous au-dessus de la demeure des aigles, comme pour rendre de plus près Dieu juge de la justice de leur cause. Alors il y eut des instans où toutes ces montagnes glacées se changèrent en volcans, où les cascades descendirent sanglantes dans la vallée, et où roulèrent jusqu'au plus profond des précipices des avalanches humaines; si bien que la mort fit une telle moisson, là où la vie n'était jamais parvenue, que les vautours, devenus dédaigneux par abondance, ne prenaient plus, disent par tradition les paysans de ces montagnes, que les yeux des cadavres pour les porter à leurs petits.

Enfin Souvarow parvint à rallier ses troupes dans les environs de Lindeau, et rappela à lui Korsakoff, qui occupait encore le poste de Bregenz; mais toutes ses troupes réunies ne s'élevaient plus qu'à trente mille hommes : c'était le reste de quatre-vingt mille que Paul Ier avait fournis pour son contingent dans la coalition : c'est qu'en quinze jours trois corps d'armée, dont chacun était plus nombreux que toute l'armée de Masséna, avaient été battus par cette armée. Aussi Souvarow, furieux d'avoir été vaincu par ces mêmes républicains dont il avait annoncé d'avance l'extermination, s'en prit-il aux Autrichiens de sa défaite, et déclara-t-il qu'il attendrait, avant de rien entreprendre pour la coalition, les ordres de l'empereur, auquel il venait de faire connaître la trahison de ses alliés.

La réponse de Paul Ier fut qu'il eût à faire reprendre à ses soldats le chemin de la Russie, et à revenir lui-même au plus vite à Saint-Pétersbourg, où l'attendait une entrée triomphale ; le même ukase portait que Sou-

## VANINKA.

varow serait logé le reste de sa vie au palais impérial, enfin qu'il lui serait élevé un monument sur une des places publiques de Saint-Pétersbourg.

Fœdor allait donc revoir Vaninka. Partout où il y avait eu un danger à courir dans les plaines d'Italie, dans les gorges du Tésin, sur les glaces du mont Pragel, il s'y était précipité un des premiers, et parmi les noms cités comme dignes de récompenses, son nom s'était trouvé toutes les fois : or Souvarow était trop brave lui-même pour être prodigue de pareils honneurs quand ils n'étaient pas mérités. Il revenait donc, comme il l'avait promis, digne de l'intérêt de son noble protecteur, et, qui sait? peut-être de l'amour de Vaninka. D'ailleurs le maréchal l'avait pris en amitié, et nul ne pouvait savoir où pouvait conduire l'amitié de Souvarow, que Paul Ier honorait à l'égal d'un guerrier antique.

Mais nul ne pouvait se reposer sur Paul Ier, dont le caractère était un composé de mouvemens extrêmes ; aussi, sans avoir démérité en rien de son maître, sans savoir d'où lui venait cette disgrâce, Souvarow reçut, en arrivant à Riga, une lettre du conseiller privé, qui lui signifiait, au nom de l'empereur, qu'ayant toléré chez ses soldats une infraction à une loi disciplinaire, l'empereur lui ôtait tous les honneurs dont il était revêtu et lui défendait de se présenter devant lui.

Une semblable nouvelle fut un coup de foudre pour le vieux guerrier, déjà ulcéré des revers qu'il venait d'éprouver, et qui, pareils à ces orages du soir, venaient ternir une splendide journée. En conséquence, il assembla tous

## CRIMES CÉLEBRES.

ses officiers sur la place de Riga, prit congé d'eux en pleurant, et comme un père qui quitte sa famille ; puis ayant embrassé les généraux et les colonels, serré la main aux autres, il leur dit encore une fois adieu, les laissant libres de suivre sans lui leur destination, et se jetant dans un traîneau, il marcha nuit et jour, arriva incognito dans cette capitale où il devait entrer en triomphateur, se fit conduire dans un quartier éloigné, chez une de ses nièces, où quinze jours après il mourut, le cœur brisé de douleur.

De son côté, Fœdor avait fait presque la même diligence que son maréchal, et comme lui était entré dans Saint-Pétersbourg, sans qu'aucune lettre le précédât ni annonçât son arrivée ; comme Fœdor n'avait aucun parent dans la capitale, et que d'ailleurs sa vie entière était concentrée sur une seule personne, il se fit conduire droit à la perspective de Niuwski, dont la maison du général, située au bord du canal Catherine, faisait l'angle ; puis, arrivé là, sautant à bas de sa voiture, il s'élança dans la cour, monta en bondissant le perron, ouvrit la porte de l'antichambre, et tombant inattendu au milieu des valets et des officiers inférieurs de la maison, qui jetèrent un cri de surprise en l'apercevant, il demanda où était le général; on lui répondit en lui montrant la porte de la salle à manger : il était là et déjeunait avec sa fille :

Alors, par une réaction étrange, Fœdor sentit que les jambes lui manquaient, et s'appuya contre le mur, pour ne pas tomber, au moment de revoir Vaninka, cette ame de son ame, pour laquelle seule il avait tant fait de

## VANINKA.

choses, il frémit de ne pas la retrouver telle qu'il l'avait quittée. Mais en ce moment même la porte de la salle à manger s'ouvrit, et Vaninka parut : en apercevant le jeune homme, elle jeta un cri, et se retournant vers le général : — Mon père, c'est Fœdor, dit-elle avec cette expression instantanée qui ne permet pas que celui qui l'entend se trompe au sentiment qui l'a inspirée. — Fœdor ! s'écria le général en s'élançant et en tendant les bras. Fœdor était attendu ou aux pieds de Vaninka, ou sur le cœur de son père ; il comprit que le premier moment devait être au respect et à la reconnaissance, et se précipita dans les bras du général. Agir autrement, c'était avouer son amour ; et avait-il le droit d'avouer cet amour avant de savoir s'il était partagé ?

Fœdor se retourna, et, comme à l'heure où il était parti, mit un genou en terre devant Vaninka ; mais un moment avait suffi à l'altière jeune fille pour faire refluer jusqu'au plus profond de son cœur les sentimens qu'elle avait éprouvés ; la rougeur qui avait passé sur son front, pareille à une flamme, avait disparu, et elle était redevenue la froide et altière statue d'albâtre, œuvre d'orgueil commencée par la nature et achevée par l'éducation ; Fœdor baisa sa main, sa main était tremblante, mais glacée ; Fœdor sentit le cœur lui manquer, et crut qu'il allait mourir.

— Eh bien, Vaninka, dit le général, pourquoi es-tu si froide pour un ami qui nous a causé à la fois tant de terreur et de joie ? Allons, Fœdor, embrasse ma fille.

Fœdor se releva suppliant, mais demeura immobile en

## CRIMES CÉLÈBRES.

attendant qu'une autre permission vînt confirmer celle du général.

— N'avez-vous pas entendu mon père? dit Vaninka en souriant, mais cependant sans avoir assez de puissance en elle-même pour éteindre l'émotion qui vibrait au fond de sa voix.

Fœdor approcha ses lèvres des joues de Vaninka, et comme il tenait en même temps sa main, il lui sembla que, par un mouvement nerveux et indépendant de sa volonté, cette main avait légèrement serré la sienne ; un faible cri de joie était près de s'échapper de sa poitrine, lorsqu'en jetant les yeux sur Vaninka, ce fut lui qui fut effrayé à son tour de sa pâleur, ses lèvres surtout étaient blanches comme si elle était morte.

Le général fit asseoir Fœdor à table, Vaninka reprit sa place, et comme par hasard elle était à contre-jour, le général, qui n'avait aucun soupçon, ne s'aperçut de rien.

Le déjeuner, comme on le pense bien, se passa à faire et à écouter le récit de cette campagne étrange qui avait commencé sous le soleil ardent de l'Italie et avait été finir dans les glaces de la Suisse. Comme il n'y a point à Saint-Pétersbourg de journaux qui disent autre chose que ce que l'empereur permet de dire, on avait bien appris les succès de Souvarow, mais on ignorait ses revers ; Fœdor raconta les uns avec modestie, et les autres avec franchise.

On devine l'intérêt immense que prit le général à un récit pareil fait par Fœdor ; ses deux épaulettes de capi-

## VANINKA.

taine, sa poitrine couverte de décorations, prouvaient que le jeune homme accomplissait un acte d'humilité en s'oubliant lui-même dans la narration qu'il venait de faire : mais le général, trop généreux pour craindre de partager la disgrâce de Souvarow, avait déjà fait une visite au feld-maréchal mourant, et avait appris de lui avec quel courage s'était conduit son jeune protégé. Lorsque celui-ci eut achevé son récit, ce fut donc au tour du général d'énumérer tout ce qu'avait fait de bien Fœdor, dans une campagne de moins d'un an ; puis, cette énumération finie, il ajouta que dès le lendemain il allait demander à l'empereur de prendre le jeune capitaine pour son aide de camp. Fœdor, à ces mots, voulut se jeter aux genoux du général ; mais celui-ci le reçut une seconde fois dans ses bras, et pour lui donner une preuve de la certitude qu'il avait de réussir, le général lui désigna le jour même le logement qu'il devait occuper dans la maison.

En effet, le lendemain le général revint du palais Saint-Michel, annonçant cette heureuse nouvelle que sa demande lui était accordée.

Fœdor était au comble de la joie : à compter de ce moment, il était commensal du général en attendant qu'il fît partie de sa famille. Vivre sous le même toit que Vaninka, la voir à toute heure, la rencontrer à chaque instant dans une chambre, la voir passer comme une apparition au bout d'un corridor, se trouver deux fois par jour avec elle à la même table, c'était plus que Fœdor n'avait jamais espéré; aussi crut-il d'abord que ce bonheur lui suffirait.

## CRIMES CÉLÈBRES.

De son côté, Vaninka, si fière qu'elle fût, avait été prise
au fond du cœur d'un vif intérêt pour Fœdor ; puis, il
était parti lui laissant la certitude qu'il l'aimait, et pendant son absence, son orgueil de femme s'était nourri de
la gloire que le jeune officier acquérait, dans l'espoir de
rapprocher la distance qui le séparait d'elle ; de sorte que
lorsqu'elle l'avait vu revenir ayant franchi une partie de
cette distance, elle avait senti, aux battemens de son cœur,
que son orgueil satisfait venait de se changer en un sentiment plus tendre, et que, de son côté, elle aimait Fœdor
autant qu'il lui était possible d'aimer ; elle n'en avait pas
moins, comme nous l'avons dit, renfermé ces sentimens
dans leur enveloppe glacée ; car Vaninka était ainsi faite :
elle voulait bien dire un jour à Fœdor qu'elle l'aimait ;
mais, jusqu'au jour où il lui plairait de le dire, elle ne
voulait pas que le jeune homme devinât qu'il était aimé.

Les choses durèrent ainsi pendant quelques mois, et
cet état, qui avait paru à Fœdor le suprême bonheur, lui
sembla bientôt un affreux supplice. En effet, aimer à
sentir son cœur toujours prêt à déborder d'amour, être
du matin au soir en face de celle qu'on aime, à table rencontrer sa main, dans un corridor étroit toucher sa robe,
quand on entre dans un salon, ou lorsqu'on sort d'un bal,
la sentir s'appuyer sur son bras, et sans cesse être forcé
de contraindre son visage à ne rien laisser paraître des
émotions de son cœur, il n'y a pas de volonté humaine
qui puisse résister à une pareille lutte ; aussi Vaninka vit-
elle que Fœdor n'aurait plus la force de garder long-
temps son secret, et résolut-elle d'aller au-devant d'un

## VANINKA.

aveu qu'elle voyait sans cesse près de s'échapper de son cœur.

Un jour qu'ils se trouvaient seuls, et qu'elle voyait les efforts inutiles que faisait le jeune homme pour lui cacher ce qu'il éprouvait, elle alla droit à lui, et le regardant fixement :

— Vous m'aimez, Fœdor? lui dit-elle.

— Pardon ! pardon ! s'écria le jeune homme en joignant les mains.

— Pourquoi me demander pardon, Fœdor? Votre amour n'est-il pas pur?

— Oh! oui! oui! mon amour est pur, d'autant plus pur qu'il est sans espoir.

— Et pourquoi sans espoir? demanda Vaninka ; mon père ne vous aime-t-il pas comme un fils?

— Oh! que me dites-vous là? s'écria Fœdor; comment, si votre père m'accordait votre main, vous consentiriez donc?...

— N'êtes-vous pas noble de cœur et noble de race, Fœdor? Vous n'avez pas de fortune, c'est vrai; mais je suis assez riche pour deux.

— Alors, mais alors, je ne vous suis donc pas indifférent?

— Je vous préfère du moins à tous ceux que j'ai vus.

— Vaninka ! — la jeune fille fit un mouvement d'orgueil. — Pardon ! reprit Fœdor, que faut-il que je fasse? ordonnez; je n'ai pas de volonté en face de vous; je crains que chacun de mes sentimens ne vous blesse : guidez-moi, j'obéirai.

— Ce que vous avez à faire, Fœdor, c'est de demander le consentement de mon père.

— Ainsi, vous m'autorisez à cette démarche?

— Oui; mais à une condition.

— Laquelle? oh! parlez! parlez!

— C'est que mon père, quelle que soit sa réponse, n'apprendra jamais que vous vous présentez à lui autorisé par moi; c'est que nul ne saura que vous suivez les instructions que je vous donne; c'est que tout le monde ignorera l'aveu que je viens de vous faire; c'est, enfin, que vous ne me demanderez pas, quelque chose qui arrive, de vous seconder autrement que de mes vœux.

Tout ce que vous voudrez! s'écria Fœdor; oh! oui, je ferai tout ce que vous voudrez! Ne m'accordez-vous pas mille fois plus que je n'osais espérer? et votre père me refusât-il, eh bien, ne saurai-je pas, moi, que vous prendrez votre part de ma douleur?

— Oui; mais il n'en sera pas ainsi, je l'espère, dit Vaninka en tendant au jeune officier une main qu'il baisa ardemment; — ainsi donc, espoir et courage! —

Et Vaninka sortit, laissant, toute femme qu'elle était, le jeune officier cent fois plus tremblant et plus ému qu'elle.

Le même jour, Fœdor demanda un entretien au général.

Le général reçut son aide de camp, comme il avait coutume de le faire, d'un visage ouvert et riant; mais aux premiers mots que prononça Fœdor son visage se rembrunit. Cependant, à la peinture de cet amour si

## VANINKA.

vrai, si constant, et si passionné que le jeune homme
éprouvait pour sa fille; quand il lui eut dit que cet amour
était le mobile de ces actions glorieuses dont il l'avait
loué si souvent, le général lui tendit la main, et, presque aussi ému que lui, il lui dit que pendant son absence, ignorant cet amour qu'il emportait avec lui, et dont
il n'avait reconnu aucune trace chez Vaninka, il avait,
sur l'invitation de l'empereur, engagé sa parole avec le
fils du conseiller privé. La seule chose qu'avait demandé
le général, c'était de ne point se séparer de sa fille
avant qu'elle eût atteint l'âge de dix-huit ans : Vaninka
n'avait donc plus que cinq mois à rester sous le toit pa-
ternel.

Il n'y avait rien à répondre à cela : en Russie, un désir
de l'empereur est un ordre, et du moment où il est ex-
primé, nul n'a la pensée même de le combattre. Cependant, ce refus avait empreint un tel désespoir sur le visage du jeune homme, que le général, touché de cette
peine silencieuse et résignée, lui tendit les bras ; Fœdor
s'y précipita en éclatant en sanglots; alors le général l'interrogea sur sa fille; mais Fœdor répondit, comme il
avait promis de le faire, que Vaninka ignorait tout, et
que la démarche venait de lui seul : cette assurance rendit un peu de calme au général ; il avait craint de faire
deux malheureux.

A l'heure du dîner, Vaninka descendit et trouva son
père seul. Fœdor n'avait point eu le courage d'assister
au repas, et de se retrouver, au moment où il venait
de perdre tout espoir, en face du général et de sa fille,

## CRIMES CÉLÈBRES.

il avait pris un traîneau et s'était fait conduire aux environs de la ville. Pendant tout le temps que dura le dîner, à peine si le général et Vaninka échangèrent une parole; mais, si expressif que fût ce silence, Vaninka commanda à sa physionomie avec sa puissance habituelle, et le général seul parut triste et abattu.

Le soir, comme elle allait descendre pour prendre le thé, on vint le lui apporter dans sa chambre, en lui disant que le général s'était senti fatigué, et s'était retiré dans ses appartemens. Vaninka fit quelques questions sur la nature de son indisposition; puis, ayant appris qu'elle n'offrait aucun symptôme inquiétant, elle chargea le valet de chambre qui lui donnait cette nouvelle de reporter à son père l'expression de son respect, lui faisant dire qu'elle se mettait à ses ordres, s'il avait besoin de quelqu'un ou de quelque chose : le général fit répondre à sa fille qu'il la remerciait, mais n'avait pour le moment besoin que de solitude et de repos. Vaninka dit que de son côté elle allait se renfermer chez elle : le valet de chambre se retira. A peine fut-il sorti, que Vaninka donna l'ordre à Annouschka, sa sœur de lait, qui remplissait auprès d'elle les fonctions de suivante, de guetter le retour de Fœdor, et de venir la prévenir aussitôt qu'il serait rentré.

A onze heures du soir, les portes de l'hôtel se rouvrirent. Fœdor descendit de traîneau, et monta aussitôt à son appartement, où il se jeta sur un divan, écrasé sous le poids de ses propres pensées; à minuit, il entendit frapper à sa porte, il se leva tout étonné et alla ouvrir :

## VANINKA.

c'était Annouschka qui venait lui dire de la part de sa maîtresse de passer à l'instant même chez elle. Si étonné qu'il fût de ce message, auquel il était loin de s'attendre, Fœdor obéit.

Il trouva Vaninka assise et vêtue d'une robe blanche, et comme elle était plus pâle encore que d'habitude, Fœdor s'arrêta à la porte, car il lui semblait avoir vu une statue toute préparée pour un tombeau.

—Venez, dit Vaninka d'une voix dans laquelle il était impossible de distinguer la moindre émotion.

Fœdor s'approcha, attiré par cette voix, comme le fer l'est par l'aimant. Annouschka ferma la porte derrière lui.

— Eh bien! dit Vaninka, que vous a répondu mon père?

Fœdor lui raconta tout ce qui s'était passé : la jeune fille écouta ce récit d'un regard impassible ; seulement ses lèvres, qui étaient la seule partie de son visage où l'on pût encore reconnaître la présence du sang, devinrent blanches comme le peignoir qui l'enveloppait. Quant à Fœdor, il était, au contraire, dévoré par la fièvre, et paraissait presque insensé.

—Maintenant, quelle est votre intention? dit Vaninka de la même voix glacée dont elle avait fait les autres questions.

— Vous me demandez quelle est mon intention, Vaninka! que voulez-vous donc que je fasse, et que me reste-t-il donc à faire, si ce n'est, pour ne pas reconnaître les bontés de mon protecteur par quelque lâcheté infâme,

## CRIMES CÉLÈBRES.

de fuir Saint-Pétersbourg et d'aller me faire tuer dans le premier coin de la Russie où il éclatera une guerre?

— Vous êtes un fou, — dit Vaninka avec un sourire où l'on pouvait reconnaître un singulier mélange de triomphe et de mépris; car, de ce moment, elle sentait sa supériorité sur Fœdor, et comprenait qu'elle allait diriger en reine le reste de sa vie.

— Alors, s'écria le jeune officier, guidez-moi, ordonnez; ne suis-je pas votre esclave?

— Il faut rester, dit Vaninka.

— Rester!

— Oui, c'est d'une femme ou d'un enfant de s'avouer ainsi vaincu au premier coup; un homme, s'il mérite vraiment ce nom, un homme lutte.

— Lutter! et contre qui? contre votre père? jamais!...

— Qui vous parle de lutter contre mon père? c'est contre les événemens qu'il faut se raidir, car le commun des hommes ne dirige pas les événemens; mais, au contraire, est entraîné par eux. Ayez l'air, aux yeux de mon père, de combattre votre amour, qu'il croie que vous vous en êtes rendu maître; comme je suis censée ignorer votre démarche, on ne se défiera pas de moi, je demanderai deux ans, et je les obtiendrai. Qui sait les événemens qui sont cachés dans ces deux années? L'empereur peut mourir, celui qu'on me destine peut mourir, mon père lui-même, et que Dieu le protége! mon père lui-même peut mourir!...

— Mais si l'on exige de vous?

## VANINKA.

—Si l'on exige de moi! interrompit Vaninka, — et une vive rougeur s'élança à ses joues pour disparaître aussitôt, — et qui donc exigerait quelque chose de moi? Mon père, il m'aime trop pour cela; l'empereur, il a dans sa famille même assez de sujets d'inquiétudes pour ne pas porter le trouble dans celle des autres : d'ailleurs, il me restera toujours une ressource dernière, quand toutes les ressources seront épuisées : la Newa coule à trois cents pas d'ici, et ses eaux sont profondes.

Fœdor jeta un cri; car il y avait dans le plissement du front et dans les lèvres serrées de la jeune fille un tel caractère de résolution, qu'il comprit la possibilité de briser cette enfant, mais non pas celle de la faire plier.

Cependant le cœur de Fœdor était trop en harmonie avec le plan que proposait Vaninka, pour que, ses objections levées, il en cherchât de nouvelles. D'ailleurs, eût-il eu ce courage, la promesse que lui fit Vaninka de le dédommager en secret de la dissimulation qu'il était obligé de s'imposer en public eût vaincu ses derniers scrupules ; puis, Vaninka, par son caractère arrêté, et par son éducation d'accord avec son caractère, avait, il faut le dire, sur tout ce qui l'entourait, et même sur le général, une influence à laquelle, sans s'en rendre compte, chacun obéissait. Fœdor souscrivit donc comme un enfant à tout ce qu'elle exigeait, et l'amour de la jeune fille s'augmenta de sa volonté combattue et de son orgueil satisfait.

C'était quelques jours après cette décision nocturne,

## CRIMES CÉLÈBRES.

arrêtée dans la chambre de Vaninka, qu'avait eu lieu, pour une légère faute, l'exécution à laquelle nous avons fait assister nos lecteurs, et dont Grégoire avait été victime, sur la plainte qu'avait portée Vaninka à son père.

Fœdor, qui, en sa qualité d'aide de camp, avait dû présider à la punition de Grégoire, n'avait point fait autrement attention aux paroles de menace que l'esclave avait prononcées en se retirant. Ivan le cocher, après avoir été bourreau, s'était fait médecin, et avait appliqué sur les épaules déchirées du patient les compresses d'eau et de sel qui devaient les cicatriser. Grégoire était resté à l'infirmerie trois jours, pendant lesquels il avait retourné dans son esprit tous les moyens possibles d'arriver à une vengeance; puis, comme au bout de trois jours il était guéri, il avait repris son service, et, excepté lui, chacun avait oublié bientôt tout ce qui s'était passé; il y a même plus, si Grégoire avait été un vrai Russe, il eût bientôt oublié lui-même cette punition, trop familière aux rudes enfans de la Moscovie pour qu'ils en gardent une longue et rancuneuse mémoire; mais Grégoire, comme nous l'avons dit, avait du sang grec dans les veines; il dissimula et se souvint.

Quoique Grégoire fût un esclave, les fonctions qu'il remplissait auprès du général l'avaient amené peu à peu à une familiarité plus grande que celle dont jouissaient les autres serviteurs. D'ailleurs, dans tous les pays du monde, les barbiers ont de grands priviléges auprès de ceux qu'ils rasent : cela vient peut-être de ce que l'on est

instinctivement moins fier envers un homme qui tient
chaque jour pendant dix minutes votre existence entre
ses mains. Grégoire jouissait donc des immunités de sa
profession, et il arrivait presque toujours que la séance
quotidienne que le barbier faisait auprès du général se
passait dans une conversation dont il faisait tous les
frais.

Un jour que le général devait assister à une revue,
il avait appelé Grégoire avant le jour, et comme celui-ci
lui passait, le plus doucement qu'il lui était possible, le
rasoir sur la joue, la conversation tomba, ou plutôt fut
conduite, sur Fœdor, et le barbier en fit le plus grand
éloge, ce qui amena tout naturellement son maître à lui
demander, en se souvenant intérieurement de la correction que lui avait fait administrer le jeune aide de camp,
s'il ne trouvait pas, à celui qu'il présentait comme le modèle de la perfection, quelque léger défaut qui fît ombre
à de si grandes et de si belles qualités.

Grégoire répondit qu'à l'exception de l'orgueil, il
croyait Fœdor irréprochable.

— L'orgueil? demanda le général étonné, c'est le vice
dont je le croyais le plus exempt.

— J'aurais dû dire l'ambition, répondit Grégoire.

— Comment, l'ambition? continua le général; mais
il me semble qu'il n'a pas fait preuve d'ambition en entrant à mon service; car, après la manière dont il s'était
conduit dans la dernière campagne, il pouvait facilement
aspirer à l'honneur de faire partie de la maison de l'empereur.

## CRIMES CÉLÈBRES.

— Oh! il y a ambition et ambition, dit en souriant Grégoire; les uns ont l'ambition d'un poste élevé, les autres celle d'une illustre alliance; les uns veulent tout devoir à eux-mêmes, les autres espèrent se faire un marche-pied de leur femme, et alors ils lèvent les yeux plus haut qu'ils ne devraient les lever.

— Que veux-tu dire? s'écria le général, commençant à comprendre où en voulait venir Grégoire.

— Je voulais dire, excellence, répondit celui-ci, qu'il y a bien des gens que les bontés qu'on a pour eux encouragent à oublier leur position, pour aspirer à une position plus élevée, quoiqu'ils soient déjà placés si haut que la tête leur tourne.

— Grégoire, s'écria le général, tu t'embarques là, crois-moi, dans une mauvaise affaire; car c'est une accusation que tu portes, et si je la reçois comme telle, il te faudra prouver ce que tu avances.

— Par saint Basile! général, il n'y a si mauvaise affaire dont on ne se tire, lorsqu'on a la vérité pour soi; d'ailleurs, je n'ai rien dit dont je ne sois prêt à donner la preuve.

— Ainsi, s'écria le général, tu persistes à soutenir que Fœdor aime ma fille.

— Ah! dit Grégoire avec la duplicité de sa nation, ce n'est pas moi qui le dis: votre excellence, c'est vous; moi, je n'ai point nommé mademoiselle Vaninka.

— Ce n'en est pas moins ce que tu as voulu dire, n'est-ce pas? Contre ton habitude, voyons, réponds franchement.

## VANINKA.

— C'est vrai, votre excellence, c'est ce que j'ai voulu
dire.

— Et, selon toi, ma fille répond à cet amour, sans
doute ?

— J'en ai peur pour elle et pour vous, excellence.

— Et qui te fait croire cela? Parle.

— D'abord, M. Fœdor ne manque pas une occasion
de parler à mademoiselle Vaninka.

— Il est dans la même maison qu'elle, ne veux-tu pas
qu'il la fuie ?

— Lorsque mademoiselle Vaninka rentre tard, et que
par hasard M. Fœdor ne vous a pas accompagné ; à
quelque heure qu'il soit, M. Fœdor est là pour lui donner
la main lorsqu'elle descend de voiture.

— Fœdor m'attend, et c'est son devoir, dit le général,
commençant à croire que les soupçons de l'esclave n'é-
taient fondés que sur de légères apparences, il m'attend,
continua-t-il, parce qu'à quelque heure du jour ou de la
nuit que je rentre, je puis avoir des ordres à lui donner.

— Il ne se passe point de journée que M. Fœdor
n'entre chez mademoiselle Vaninka, quoique ce n'est pas
l'habitude qu'une pareille faveur soit accordée à un jeune
homme dans une maison comme celle de votre excellence.

— La plupart du temps c'est moi qui l'y envoie, dit
le général.

— Oui, le jour, répondit Grégoire ; mais..... la
nuit?

— La nuit! s'écria le général en se levant tout debout,

## CRIMES CÉLÈBRES.

et en pâlissant de telle façon qu'au bout d'un instant il
fut forcé de s'appuyer sur une table.

— Oui, la nuit, votre excellence, répondit tranquillement Grégoire, et puisque j'ai commencé, comme vous
le dites, à me faire une mauvaise affaire, eh bien ! je me
la ferai complète : d'ailleurs, dût-il m'en revenir une punition nouvelle et plus terrible encore que celle que j'ai
reçue, je ne souffrirai pas que l'on trompe plus long-
temps un si bon maître.

— Fais bien attention à ce que tu vas dire, esclave,
car je connais ceux de ta nation, et prends-y garde, si
l'accusation que tu portes par vengeance ne repose pas
sur des preuves visibles, palpables, positives , tu seras
puni comme un infâme calomniateur.

— J'y consens, répondit Grégoire.

— Et tu dis que tu as vu entrer de nuit Fœdor chez
ma fille ?

— Je ne dis point que je l'y ai vu entrer, excellence ;
je dis que je l'en ai vu sortir.

— Et quand cela ?

— Il y a un quart d'heure, en me rendant chez votre
excellence.

— Tu mens, dit le général en levant le poing sur
l'esclave.

— Ce ne sont point là nos conventions, votre excellence, répondit l'esclave en se reculant : je ne dois être
puni que si je ne donne point de preuves.

— Mais tes preuves, quelles sont-elles ?

— Je vous l'ai dit.

## VANINKA.

— Et tu espères que je croirai à ta parole?

— Non ; mais j'espère que vous croirez en vos yeux.

— Et comment cela ?

— La première fois que M. Fœdor sera chez mademoiselle Vaninka passé minuit, je viendrai chercher votre excellence, et alors elle pourra juger par elle-même si je mens ; mais jusqu'à présent, votre excellence, toutes les conditions du service que je veux vous rendre sont à mon désavantage.

— Comment?

— Oui, si je ne donne pas de preuves, je dois être traité comme un infâme calomniateur, c'est bien ; mais si j'en donne, que me reviendra-t-il ?

— Mille roubles et ta liberté.

— C'est marché fait, excellence, répondit tranquillement Grégoire en replaçant les rasoirs dans la toilette du général. Et j'espère qu'avant huit jours vous me rendrez meilleure justice que vous ne le faites en ce moment.

A ces mots, l'esclave sortit, laissant, par son assurance, le général convaincu qu'un malheur suprême le menaçait.

A compter de ce moment, comme on le pense bien, le général écouta chaque mot, examina chaque geste qu'échangèrent devant lui Vaninka et Fœdor; mais ni du côté l'aide de camp ni de la part de sa fille il ne vit rien qui dût confirmer ses soupçons; au contraire, Vaninka lui parut plus froide et plus réservée que jamais.

Huit jours se passèrent ainsi ; dans la nuit du huitième

## CRIMES CÉLÈBRES.

au neuvième jour, et vers les deux heures du matin, on frappa à la porte du général : c'était Grégoire.

— Si votre excellence veut entrer chez sa fille, dit Grégoire, elle y trouvera M. Fœdor.

Le général pâlit, s'habilla sans prononcer un seul mot, suivit l'esclave jusqu'à la porte de Vaninka, et arrivé là, faisant de la main un geste, il congédia le dénonciateur, qui, au lieu de se retirer, ainsi que l'ordre muet lui en avait été donné, se cacha à l'angle du corridor.

Quand le général se crut seul, il frappa une première fois ; mais, à cette première fois, tout demeura silencieux : cependant le silence n'indiquait rien, car Vaninka pouvait dormir, il frappa une seconde fois, et la voix de la jeune fille demanda d'un ton parfaitement calme : — Qui est là ?

— C'est moi, dit le général, d'une voix tremblante d'émotion.

— Annouschka, dit la jeune fille, s'adressant à sa sœur de lait, qui couchait dans la chambre voisine de la sienne, ouvre à mon père. — Pardon, mon père, continua-elle ; mais Annouschka s'habille, et dans un instant elle est à vous.

Le général attendit avec patience ; car il n'avait reconnu aucune émotion dans la voix de sa fille, et il espérait que Grégoire s'était trompé.

Au bout d'un instant la porte s'ouvrit, et le général entra, jetant un long regard autour de lui : il n'y avait personne dans cette première chambre.

Vaninka était couchée, plus pâle peut-être que d'habitude, mais parfaitement calme et ayant sur les lèvres

## VANINKA.

ce sourire filial avec lequel elle accueillait toujours son père.

— A quelle heureuse circonstance, demanda la jeune fille avec sa plus douce voix, dois-je le bonheur de vous voir à une heure aussi avancée de la nuit?

— Je voulais te parler d'une chose importante, dit le général; et, quelle que soit l'heure, j'ai pensé que tu me pardonnerais de troubler ton sommeil.

— Mon père sera toujours le bien venu chez sa fille, à quelque heure du jour ou de la nuit qu'il s'y présente.

Le général regarda de nouveau autour de lui, et tout le confirma dans la pensée qu'il était impossible qu'un homme fût caché dans la première chambre; mais restait la seconde.

— Je vous écoute, dit Vaninka après un moment de silence.

— Oui; mais nous ne sommes pas seuls, répondit le général, et il est important que d'autres oreilles n'entendent pas ce que j'ai à te dire.

— Annouschka; vous le savez, est ma sœur de lait, dit Vaninka.

— N'importe, reprit le général; et s'avançant, une bougie à la main, vers la chambre à côté, qui était plus petite encore que celle de sa fille :

— Annouschka, dit-il, veillez dans le corridor à ce que personne ne nous écoute.

Puis, en prononçant ces paroles, le général jeta le même coup d'œil investigateur autour de lui; mais, excepté la jeune fille, il n'y avait personne dans le cabinet.

## CRIMES CÉLÈBRES.

Annouschka, obéit, le général sortit derrière elle, et, après avoir jeté encore un dernier regard autour de lui, rentra dans la chambre de sa fille, et vint s'asseoir sur le pied de son lit : quant à Annouschka, sur un signe que lui fit sa maîtresse, elle la laissa seule avec son père.

Le général tendit la main à Vaninka, et Vaninka lui donna la sienne sans hésitation.

— Ma fille, dit le général, j'ai à te parler d'une chose importante.

— Laquelle, mon père ? demanda Vaninka.

— Tu vas avoir dix-huit ans, continua le général, c'est l'âge où se marient ordinairement les jeunes filles de la noblesse russe. — Le général s'arrêta un instant pour juger de l'impression que ces paroles pourraient faire sur Vaninka ; mais sa main resta immobile dans celle de son père. — Depuis un an ta main est engagée par moi, continua le général.

— Puis-je savoir à qui ? demanda froidement Vaninka.

— Au fils du conseiller actuel, répondit le général ; qu'en penses-tu ?

— C'est un digne et noble jeune homme, à ce qu'on assure, dit Vaninka ; mais je ne puis avoir d'autre opinion sur lui que celle qu'on lui a faite : n'est-il pas depuis trois mois en garnison à Moscou ?

— Oui, dit le général ; mais dans trois mois il doit revenir.

Vaninka resta impassible.

— N'as-tu donc rien à me répondre ? demanda le général.

— Non, mon père ; seulement j'ai une grâce à vous demander.

— Laquelle ?

— Je ne voudrais point me marier avant l'âge de vingt ans.

— Et pourquoi ?

— J'ai fait un vœu.

— Mais si des circonstances nécessitaient la rupture de ce vœu et rendaient urgente la célébration de ce mariage ?

— Lesquelles ? demanda Vaninka.

— Fœdor t'aime, dit le général en regardant fixement Vaninka.

— Je le sais, répondit la jeune fille avec la même impassibilité que s'il était question d'une autre que d'elle.

— Tu le sais ? s'écria le général.

— Oui, il me l'a dit.

— Et quand cela ?

— Hier.

— Et tu lui as répondu...

— Qu'il fallait qu'il s'éloignât.

— Et il y a consenti ?

— Oui, mon père.

— Quand part-il ?

— Il est parti.

— Mais, dit le général, il m'a quitté à dix heures.

— Et moi, il m'a quittée à minuit, dit Vaninka.

— Ah ! fit le général, respirant pour la première fois à pleine poitrine, tu es une digne enfant, Vaninka, et je t'accorde ce que tu demandes, c'est-à-dire deux ans encore. Songe seulement que c'est l'empereur qui a décidé ce mariage.

— Mon père me rendra la justice de croire que je suis une fille trop soumise pour être une sujette rebelle.

— Bien, Vaninka, bien, dit le général. Ainsi donc le pauvre Fœdor t'a tout dit ?

— Oui, dit Vaninka.

— Tu as su qu'il s'était adressé à moi d'abord.

— Je l'ai su.

— Alors c'est de lui que tu as appris que ta main était engagée ?

— C'est de lui.

— Et il a consenti à partir ? C'est un bon et noble jeune homme, que ma protection suivra partout. Oh ! si ma parole n'avait pas été donnée, je l'aimais tant, continua le général, que, si tu n'eusses pas eu de répugnance pour lui, sur mon honneur, je lui eusse accordé ta main.

— Et vous ne pouvez dégager votre parole ? demanda Vaninka.

— Impossible, dit le général.

— Alors, que ce qui doit arriver s'accomplisse, dit Vaninka.

— Voilà comme doit parler ma fille, dit le général en l'embrassant. — Adieu, Vaninka. Je ne te demande point si tu l'aimais. Vous avez fait votre devoir tous les deux ; je n'ai rien à exiger de plus.

À ces mots, il se leva et sortit : Annouschka était dans le corridor, le général lui fit signe qu'elle pouvait

## VANINKA.

rentrer, et continua son chemin ; à la porte de sa chambre il trouva Grégoire.

— Eh bien ! votre excellence? lui demanda celui-ci.

— Eh bien ! dit le général, tu avais à la fois tort et raison : Fœdor aime ma fille, mais ma fille ne l'aime pas. Fœdor est entré chez ma fille à onze heures du soir, mais il en est sorti à minuit pour toujours. N'importe, tu peux venir demain, tu auras tes mille roubles et ta liberté.

Grégoire s'éloigna stupéfait.

Pendant ce temps, Annouschka était rentrée chez sa maîtresse, comme elle en avait reçu l'ordre, et avait refermé la porte avec soin. Aussitôt Vaninka avait bondi hors de son lit, et s'était approchée de cette porte, écoutant les pas du général, qui s'éloignaient : lorsqu'ils eurent cessé de retentir, elle s'élança vers le cabinet d'Annouschka, et aussitôt les deux femmes se mirent à écarter un paquet de linge jeté dans l'embrasure d'une fenêtre. Sous ce linge était un grand coffre à ressort ; Annouschka pressa un bouton, Vaninka souleva le couvercle ; les deux femmes poussèrent en même temps un grand cri : le coffre était devenu un cercueil ; le jeune officier était mort étouffé.

Long-temps les deux femmes espérèrent qu'il n'était qu'évanoui ; Annouschka lui jeta de l'eau à la figure, Vaninka lui fit respirer des sels : tout fut inutile. Pendant la longue conversation que le général avait eue avec sa fille, et qui avait duré plus d'une demi-heure, Fœdor, ne pouvant se dégager du coffre, dont le ressort s'était refermé, avait été tué par le défaut d'air.

## CRIMES CÉLÈBRES.

La position était affreuse ; les deux jeunes filles étaient enfermées avec un cadavre : Annouschka voyait la Sibérie en perspective ; Vaninka, il faut lui rendre cette justice, ne voyait que Fœdor.

Toutes deux étaient au désespoir.

Cependant, comme le désespoir de la femme de chambre était plus égoïste que celui de la maîtresse, ce fut Annouschka qui trouva un moyen de sortir de la situation où elles étaient toutes deux.

— Mademoiselle, s'écria-t-elle tout-à-coup, nous sommes sauvées !

— Vaninka releva sa tête, et regarda sa femme de chambre avec des yeux tout baignés de larmes.

— Sauvées ! dit-elle, sauvées ! nous peut-être, mais lui !...

— Écoutez, mademoiselle, dit Annouschka ; votre situation est terrible, oui, sans doute ; votre malheur est grand, je l'avoue ; mais votre malheur pourrait être plus grand et votre situation plus terrible encore. Si le général savait tout...

— Et que m'importe ? dit Vaninka. Maintenant, je le pleurerais à la face de la terre.

— Oui, mais à la face de la terre, vous seriez déshonorée. Demain vos esclaves, après-demain Saint-Pétersbourg, sauraient qu'un homme est mort enfermé dans votre chambre. Songez-y, mademoiselle, votre honneur, c'est l'honneur de votre père, c'est celui de votre famille.

— Tu as raison, dit Vaninka en secouant la tête,

## VANINKA.

comme pour faire tomber de son front les pensées funè-
bres qui le chargeaient; tu as raison. Que faut-il faire?

— Mademoiselle connaît mon frère Ivan.

— Oui.

— Il faut tout lui dire.

— Y penses-tu? s'écria Vaninka; nous confier à un
homme! que dis-je, à un homme! à un serf, à un esclave!

— Plus ce serf et cet esclave est placé bas, répondit
la femme de chambre, plus nous sommes sûres du secret,
puisqu'il aura tout à gagner en nous le gardant.

— Ton frère s'enivre, dit Vaninka avec une crainte
mêlée de dégoût.

— C'est vrai, répondit Annouschka; mais où trou-
verez-vous un homme à barbe qui n'en fasse pas autant?
Mon frère s'enivre moins qu'un autre; il y a donc moins
à craindre de sa part que de la part de tout autre. D'ailleurs, dans la position où nous sommes, il faut bien ris-
quer quelque chose.

— Tu as raison, répondit Vaninka en reprenant cette
résolution qui lui était habituelle et qui grandissait toujours à la hauteur du danger. Va chercher ton frère.

— Nous ne pouvons rien faire ce matin, dit Annouschka en écartant un des rideaux de la fenêtre. Vous
voyez, voilà le jour.

— Mais que faire du cadavre de ce malheureux? s'écria
Vaninka.

— Il demeurera caché où il est toute la journée, et ce
soir, tandis que vous serez au spectacle de la cour, mon
frère l'emportera d'ici.

## CRIMES CÉLÈBRES.

— C'est vrai, c'est vrai, murmura Vaninka avec un accent étrange : je vais ce soir au spectacle ; je n'y peux manquer ; on se douterait de quelque chose. Oh! oh! mon Dieu! mon Dieu!....

— Aidez-moi, mademoiselle, dit Annouschka, toute seule je ne suis pas assez forte.

Vaninka pâlit affreusement ; mais, pressée par le danger, elle alla avec résolution au cadavre de son amant ; puis, l'ayant soulevé par les épaules pendant que sa femme de chambre le soulevait par les jambes, elle le recoucha dans le coffre. Aussitôt Annouschka abaissa le couvercle, et fermant le coffre à la clef, elle en mit la clef dans sa poitrine.

Puis toutes deux rejetèrent sur lui le linge qui l'avait dérobé aux yeux du général.

Le jour se leva sans que, comme on s'en doute bien, le sommeil eût approché des yeux de Vaninka. Elle n'en descendit pas moins à l'heure du déjeuner ; car elle ne voulait pas donner à son père le moindre soupçon. Seulement on eût pu croire, à sa pâleur, qu'elle sortait de la tombe. Le général attribua cette pâleur au dérangement qu'il lui avait causé.

Le hasard avait merveilleusement servi Vaninka en lui inspirant de dire que Fœdor était parti ; car, alors, non seulement le général ne fut point étonné de ne pas le voir paraître, mais, comme son absence même était la justification de sa fille, il donna un prétexte à cette absence en disant qu'il avait chargé son aide de camp d'une mission. Quant à Vaninka, elle se tint hors de sa

## VANINKA.

chambre jusqu'au moment où l'heure fut venue de s'habiller. Huit jours auparavant elle avait été au spectacle de la cour avec Fœdor.

Vaninka aurait pu se dispenser, en prétextant une légère indisposition, d'accompagner son père; mais elle craignait deux choses en agissant ainsi : la première, de donner des inquiétudes au général, qui alors serait resté lui-même peut-être, et eût rendu l'enlèvement du cadavre plus difficile ; la seconde, de se trouver en face d'Ivan, et d'avoir à rougir devant un esclave. Elle préféra donc faire sur elle un effort surhumain, et remontant dans sa chambre, accompagnée de sa fidèle Annouschka, elle commença à se parer avec le même soin que si elle eût eu le cœur plein de joie.

Puis, lorsque cette toilette cruelle fut finie, elle ordonna à Annouschka de fermer la porte de la chambre ; car elle voulait revoir encore Fœdor, et dire un dernier adieu au corps de celui qui avait été son amant. Annouschka obéit, et Vaninka, le front couvert de fleurs, la poitrine chargée de perles et de pierreries, mais sous tout cela plus froide et plus glacée qu'une statue, s'avança, du pas dont marche un fantôme, vers la chambre de sa suivante. Arrivée devant le coffre, Annouschka l'ouvrit de nouveau; alors Vaninka, sans verser une larme, sans pousser un soupir, mais avec le calme profond et inanimé du désespoir, se baissa vers Fœdor, prit un simple anneau que le jeune homme avait au doigt, le plaça au sien, entre deux bagues magnifiques, puis l'embrassant au front:

— Adieu, mon fiancé, lui dit-elle.

## CRIMES CÉLÈBRES.

En ce moment elle entendit des pas qui s'approchaient. Un valet de chambre venait demander de la part du général si sa fille était prête. Annouschka laissa retomber le couvercle du coffre, et Vaninka, allant ouvrir le-même, suivit le messager qui marchait devant elle en l'éclairant, tandis que, confiante dans sa sœur de lait, elle lui laissait accomplir le funèbre et terrible soin dont elle s'était chargée.

Un instant après Annouschka vit sortir par la grande porte de l'hôtel la voiture qui emportait le général et sa fille.

Elle laissa s'écouler une demi-heure, puis elle descendit à son tour et alla chercher Ivan. Elle le trouva buvant avec Grégoire, à qui le général avait tenu parole, et qui avait reçu le jour même mille roubles et sa liberté. Heureusement les convives n'étaient encore qu'au commencement de la fête, et Ivan avait, par conséquent, la tête assez saine pour que sa sœur n'hésitât point à lui confier son secret.

Ivan suivit Annouschka dans la chambre de sa maîtresse. Là elle lui remit en mémoire tout ce que Vaninka, altière mais généreuse, avait permis à sa sœur de faire pour lui. Les quelques gorgées d'eau-de-vie qu'avait déjà bues Ivan l'avaient prédisposé à la reconnaissance. L'ivresse des Russes est essentiellement tendre : Ivan protesta de son dévouement en termes si entiers et si complets, que Annouschka n'hésita plus, et, levant le couvercle du coffre, lui montra le cadavre de Fœdor.

A cette terrible apparition, Ivan demeura un instant

## VANINKA.

immobile ; mais bientôt il calcula ce que pouvait lui rapporter d'argent et de bien-être la confidence d'un pareil secret. En conséquence, il jura par les sermens les plus sacrés de ne jamais trahir sa maîtresse, et, comme l'espérait Annouschka, s'offrit pour faire disparaître le cadavre de l'aide de camp.

La chose fut facile : au lieu de retourner boire avec Grégoire et ses camarades, Ivan alla préparer un traîneau, le chargea de paille, cacha au fond une pince en fer, le conduisit à la porte de sortie des appartemens, et, s'étant assuré qu'il n'était épié par personne, il prit dans ses bras le corps du trépassé, le cacha sous la paille, s'assit dessus, se fit ouvrir la porte de l'hôtel, suivit la perspective de Niuwski jusqu'à l'église Znamenie, passa au milieu des boutiques du quartier Rejestwenskoi, poussa son traîneau sur la Newa, s'arrêta au milieu de la rivière glacée en face de l'église déserte de Sainte-Madeleine, et là, protégé par la solitude, enveloppé de la nuit, caché derrière la masse sombre de son traîneau, il commença avec sa pince à attaquer la glace, épaisse de dix-huit pouces, puis lorsqu'un trou assez grand fut fait, après avoir fouillé Fœdor et pris l'argent qu'il avait sur lui, il le fit glisser par l'ouverture pratiquée, la tête la première, et reprit le chemin de l'hôtel, tandis que le cours emprisonné de la Newa entraînait le cadavre vers le golfe de Finlande.

Une heure après, le vent avait formé une nouvelle croûte de glace, et il ne restait pas même trace de l'ouverture pratiquée par Ivan.

## CRIMES CÉLÈBRES.

A minuit, Vaninka rentra avec son père. Une fièvre intérieure l'avait dévorée toute la soirée; de sorte que jamais elle n'avait paru si belle; si bien qu'elle n'avait cessé d'être accablée des hommages des plus nobles et des plus galans seigneurs de la cour.

En rentrant, elle trouva Annouschka sous le vestibule. Celle-ci l'attendait pour prendre sa mante; en la lui donnant, Vaninka l'interrogea d'un de ces regards qui contiennent tant de choses. — Tout est fini, dit la femme de chambre à demi-voix.

Vaninka respira comme si on lui eût enlevé une montagne de dessus la poitrine.

Quelque puissance que Vaninka eût sur elle-même, elle ne put soutenir plus long-temps la présence de son père, et s'excusa sur la fatigue éprouvée pendant la soirée de ce qu'elle ne pouvait pas rester à souper avec lui.

Vaninka remonta chez elle, et là, la porte une fois fermée, elle arracha ses fleurs de son front, ses colliers de sa poitrine, fit couper avec des ciseaux le corset qui l'étouffait, puis, se renversant sur son lit, elle put enfin pleurer et se tordre à son aise. Quant à Annouschka, elle remerciait Dieu de cette explosion; le calme de sa maîtresse l'épouvantait plus que son désespoir.

Cette première crise passée, Vaninka put prier.

Elle passa une heure à genoux, puis, sur les instances de sa fidèle suivante, elle se coucha : Annouschka s'assit au pied du lit : ni l'une ni l'autre ne dormirent ; mais du moins, quand vint le jour, les larmes qu'avait versées Vaninka l'avaient soulagée.

## VANINKA.

Annouschka fut chargée de récompenser son frère : une somme trop considérable donnée à la fois à un homme à barbe aurait pu être remarquée. Aussi, Annouschka se contenta-t-elle de dire à Ivan que, lorsqu'il aurait besoin d'argent, il n'avait qu'à lui en demander.

Grégoire, profitant de sa liberté, et voulant faire valoir ses mille roubles, acheta, en dehors du canal de ville, un petit cabaret où, grâce à son adresse et aux connaissances qu'il avait parmi les gens des meilleures maisons de Saint-Pétersbourg, il commença à faire d'excellentes affaires ; si bien qu'en peude temps le Cabaret-Rouge, c'était le nom et la couleur de l'établissement de Grégoire, fut en grande réputation.

Un autre eut ses fonctions près du général, et, moins l'absence de Fœdor, tout rentra dans l'ordre accoutumé chez le comte de 'Tchermayloff.

Deux mois s'étaient écoulés ainsi sans que personne eût conçu le moindre soupçon sur ce qui s'était passé, lorsqu'un matin, avant l'heure habituelle du déjeuner, le général fit prier sa fille de descendre chez lui. Vaninka tressaillit de crainte, car depuis la nuit fatale tout lui était un sujet de terreur. Elle n'en obéit pas moins à son père, et, rappelant toute sa force, elle s'achemina vers son cabinet. Le comte était seul ; mais, au premier coup d'œil, Vaninka vit bien qu'elle n'avait rien à craindre de cette entrevue. Le général l'attendait avec cette expression paternelle qui, toutes les fois qu'il se trouvait en face de sa fille, devenait le caractère particulier de sa physionomie. En conséquence, elle s'approcha avec son

## CRIMES CÉLÈBRES.

calme habituel, et, s'inclinant devant le général, elle lui donna son front à baiser.

Celui-ci lui fit signe de s'asseoir, et lui présenta une lettre toute ouverte. Vaninka, étonnée, regarda un instant son père, puis reporta les yeux sur la lettre : elle contenait la nouvelle de la mort de l'homme auquel sa main avait été engagée, il venait d'être tué en duel.

Le général suivait sur le visage de sa fille l'effet de la lecture, et, quelque puissance que Vaninka eût sur elle-même, tant de pensées différentes, tant de regrets douloureux, tant de remords poignans vinrent l'assaillir en songeant qu'elle était redevenue libre, qu'elle ne put entièrement dissimuler l'émotion qu'elle éprouvait. Le général s'en aperçut, et l'attribua à l'amour qu'il soupçonnait depuis long-temps sa fille d'avoir pour le jeune aide de camp.

— Allons, dit-il en souriant, je vois que tout est pour le mieux.

— Comment cela, mon père? demanda Vaninka.

— Sans doute, continua le général : Fœdor ne s'est-il pas éloigné parce qu'il t'aimait?

— Oui, murmura la jeune fille.

— Eh bien ! maintenant, dit le général, il peut revenir.

Vaninka resta muette, les yeux fixes et les lèvres tremblantes.

— Revenir... dit-elle au bout d'un instant.

— Sans doute, revenir ! Ou nous aurons bien du malheur, continua le général en souriant, ou nous trouverons bien dans la maison quelqu'un qui sache où il est. Informe-t'en, Vaninka; dis-moi le lieu de son exil, et je me charge du reste.

— Personne ne sait où est Fœdor, murmura Vaninka d'une voix sourde, personne, que Dieu... personne!

— Eh quoi! s'écria le général, il n'a pas donné de ses nouvelles depuis le jour où il a disparu?

Vaninka secoua la tête en signe de négation; elle avait le cœur si effroyablement serré, qu'elle ne pouvait plus parler.

Le général à son tour devint sombre.

— Craindrais-tu donc quelque malheur? dit-il à Vaninka.

— Je crains qu'il n'y ait plus de bonheur pour moi sur la terre, s'écria Vaninka, succombant sous la force de sa douleur; — puis aussitôt : — Laissez-moi me retirer, mon père, continua-t-elle; j'ai honte de ce que j'ai dit.

Le général, qui ne vit dans cette exclamation de Vaninka que le regret d'avoir laissé échapper l'aveu de son amour, embrassa sa fille au front, et lui permit de se retirer, espérant, malgré l'air sombre dont Vaninka avait parlé de Fœdor, qu'il lui serait possible de le retrouver.

En effet, il alla le jour même chez l'empereur, lui raconta l'amour de Fœdor pour sa fille, et lui demanda, puisque la mort l'avait délié de son premier engagement, de permettre qu'il disposât de sa main en sa faveur: l'empereur y consentit; alors le général sollicita une

## CRIMES CÉLÈBRES.

nouvelle faveur : Paul était dans un de ses jours de bien-
veillance , et se montra disposé à l'accorder : le général lui dit que, depuis deux mois, Fœdor avait disparu,
que tout le monde, et même sa fille, ignorait en quel
lieu il était, et le supplia de faire faire des recherches.
L'empereur fit venir à l'instant même le grand maître
de la police, et donna les ordres nécessaires.

Six semaines s'écoulèrent sans amener aucun résultat. Vaninka, depuis le jour de la lettre, était plus triste
et plus sombre que jamais ; vainement de temps en
temps le général voulait-il lui rendre quelque espoir, Vaninka alors secouait la tête et se retirait. Le général
cessa de parler de Fœdor.

Mais il n'en fut pas de même dans la maison : le jeune
aide de camp était aimé des domestiques, et, à part
Grégoire, il n'y en avait pas un seul qui lui voulût du
mal : aussi, depuis qu'on avait appris qu'il n'avait point
été envoyé en mission par le général, mais qu'il avait
disparu, cette disparition était-elle l'objet éternel de
la conversation de l'antichambre, de la cuisine et de
l'écurie.

Il y avait encore un autre lieu où l'on s'en occupait
fort : c'était au Cabaret-Rouge.

Depuis le jour où il avait connu ce départ mystérieux,
Grégoire s'était repris à ses soupçons : il était sûr d'a-
voir vu entrer Fœdor chez Vaninka, et, à moins qu'il
n'en fût sorti pendant qu'il s'en était allé chercher le général, il ne comprenait pas comment ce dernier ne l'avait
point trouvé chez sa fille. Une chose aussi le préoccupait,

## VANINKA.

qui lui paraissait peut-être bien avoir quelque coïncidence avec cet événement, c'était la dépense que faisait Ivan depuis cette époque, dépense bien extraordinaire chez un esclave; mais cet esclave était le frère de la sœur de lait chérie de Vaninka; de sorte que, sans en être sûr encore, Grégoire soupçonnait déjà la source de cet argent. Une chose le confirmait encore dans ses soupçons, c'est qu'Ivan, qui était resté, non seulement son plus fidèle ami, mais encore était devenu une de ses meilleures pratiques, ne parlait jamais de Fœdor, se taisait quand on parlait devant lui, et s'il était interrogé ne faisait aux interrogations, si pressantes qu'elles fussent, que cette réponse laconique : — Parlons d'autre chose.

Sur ces entrefaites, le jour des Rois arriva : c'est un grand jour à Saint-Pétersbourg que le jour des Rois, car c'est en même temps le jour de la bénédiction des eaux : comme Vaninka avait assisté à la cérémonie, et qu'elle était fatiguée d'être restée debout pendant deux heures sur la Newa, le général ne sortit pas le soir, et donna congé à Ivan; Ivan profita de la permission pour aller au Cabaret-Rouge.

Il y avait foule chez Grégoire, et Ivan fut le bien venu dans l'honorable société; car on savait qu'il arrivait ordinairement les poches pleines : cette fois, il ne manquait pas à ses habitudes, et à peine fut-il arrivé, qu'il fit sonner les sorok-kopecks, à la grande envie des assistans. A ce bruit indicateur, Grégoire, une bouteille d'eau-de-vie à chaque main, accourut avec d'autant plus d'empressement

## CRIMES CÉLÈBRES.

qu'il savait bien que, lorsque c'était Ivan l'Amphitryon, il y avait, lui Grégoire, un double profit, comme fournisseur et comme convive; Ivan ne fit point défaut à cette double espérance, et Grégoire fut invité à prendre sa part de la consommation.

La conversation tomba sur l'esclavage, et quelques-uns de ces malheureux, qui trouvaient à peine pour se reposer de leurs fatigues éternelles quatre jours dans l'année, se récrièrent bien haut sur le bonheur dont jouissait Grégoire depuis qu'il avait obtenu sa liberté.

— Bah! dit Ivan, que l'eau-de-vie commençait à échauffer, il y a des esclaves qui sont plus libres que leurs maîtres.

— Que veux-tu dire? demanda Grégoire en lui versant un nouveau verre d'eau-de-vie.

— Je voulais dire plus heureux, reprit vivement Ivan.

— C'est difficile à prouver, dit Grégoire d'un ton de doute.

— Pourquoi cela? Nos maîtres... à peine sont-ils nés, qu'on les met entre les mains de deux ou trois pédans, l'un Français, l'autre Allemand, le troisième Anglais: qu'il les aime ou qu'il ne les aime pas, il faut qu'il reste en leur société jusqu'à l'âge de dix-sept ans, et que, bon gré mal gré, il apprenne trois langues barbares aux dépens de notre belle langue russe, qu'il a quelquefois complètement oubliée quand il sait les autres. Alors, s'il veut être quelque chose, il faut qu'il se fasse soldat: s'il est sous-lieutenant, il est esclave du lieutenant; s'il est lieu-

## VANINKA.

tenant, il est esclave du capitaine; s'il est capitaine, il
est esclave du major; et cela va ainsi jusqu'à l'empereur,
qui n'est l'esclave de personne, mais qu'un beau jour on
surprend à table, à la promenade ou dans son lit, et
qu'on empoisonne, qu'on poignarde ou qu'on étrangle.
S'il suit la vie civile, c'est bien autre chose : c'est une
femme qu'il épouse, et qu'il n'aime pas; ce sont des enfans qui lui viennent il ne sait d'où, et dont il faut qu'il
prenne soin; c'est la lutte éternelle à laquelle il est nécessaire qu'il se livre, s'il est pauvre, pour nourrir sa famille, et s'il est riche, pour ne pas être volé par son
intendant et trompé par ses fermiers. Est-ce vivre cela?
Tandis que nous, morbleu! nous naissons, et c'est la
seule douleur que nous coûtons à notre mère, le reste re-
garde le maître. C'est lui qui nous nourrit; c'est lui qui
nous choisit notre état, état toujours facile à apprendre, à
moins qu'on ne soit tout-à-fait une brute. Sommes-nous
malades? son médecin nous soigne gratis; car ce serait
une perte pour lui s'il nous perdait. Sommes-nous bien
portans? nous avons nos quatre repas assurés le jour, un
bon poêle sur lequel nous nous couchons la nuit. Deve-
nons-nous amoureux? jamais il n'y a d'empêchement à
notre mariage, que si la promise ne nous aime pas; si
elle nous aime, le maître lui-même nous invite à hâter
ce mariage; car il tient à ce que nous ayons le plus d'enfans possible? Ces enfans viennent-ils? on fait, à leur tour,
pour eux, ce que l'on a fait pour nous. Trouvez-moi beaucoup de grands seigneurs aussi heureux que leurs esclaves.

— Oui, oui, murmura Grégoire en lui versant un

## CRIMES CÉLÈBRES.

nouveau verre d'eau-de-vie; mais, avec tout cela, tu n'es pas libre.

— Libre, de quoi? demanda Ivan.

— Libre d'aller où tu veux et quand tu veux.

— Moi? libre comme l'air, répondit Ivan.

— Fanfaron! dit Grégoire.

— Libre comme l'air! te dis-je, car j'ai de bons maîtres, et surtout une bonne maîtresse, continua Ivan avec un sourire étrange; et je n'ai qu'à demander, c'est fait!

— Comment? Si, après t'être grisé aujourd'hui chez moi, tu demandais à revenir t'y griser demain, reprit Grégoire, qui, tout en portant un défi à Ivan, n'oubliait pas ses intérêts, si tu demandais cela...

— J'y reviendrais, dit Ivan.

— Tu y reviendrais demain? dit Grégoire.

— Demain, après-demain, tous les jours, si je voulais.

— Le fait est qu'Ivan est le favori de mademoiselle, dit un autre esclave du comte qui se trouvait là, et qui profitait de la libéralité de son camarade Ivan.

— C'est égal, dit Grégoire: en supposant qu'on t'accordât de pareilles permissions, l'argent manquerait bientôt.

— Jamais! dit Ivan en avalant un nouveau verre d'eau-de-vie, jamais l'argent ne manquera à Ivan tant qu'il y aura un kopeck dans la bourse de mademoiselle.

— Je ne la savais pas si libérale, dit aigrement Grégoire.

## VANINKA.

— Oh! tu n'as pas de mémoire, l'ami; car tu sais bien qu'elle ne compte pas avec ses amis, témoin les coups de knout...

— Je ne voulais pas parler de cela, reprit Grégoire : des coups, je sais bien qu'elle en est prodigue; mais de son argent, c'est autre chose, car je n'en ai jamais vu la couleur.

— Eh bien! veux-tu la voir la couleur du mien? dit Ivan se grisant de plus en plus : alors, la voilà! voilà des kopecks, voilà des sorok-kopecks, voilà des billets bleus qui valent cinq roubles, voilà des billets roses qui en valent vingt-cinq; et demain, si on voulait, on vous montrerait des billets blancs qui en vaudraient cinquante. A la santé de mademoiselle!

Et Ivan tendit de nouveau sa tasse, que Grégoire remplit jusqu'au bord.

— Mais l'argent, dit Grégoire, poussant de plus en plus Ivan, l'argent compense-t-il le mépris?

— Le mépris! dit Ivan, le mépris! qui est-ce qui me méprise? est-ce toi, parce que tu es libre? La belle liberté! J'aime mieux être un esclave bien nourri qu'un homme libre qui meurt de faim.

— Je dis le mépris de nos maîtres, reprit Grégoire.

— Le mépris de nos maîtres! demande à Alexis, demande à Daniel que voilà, si mademoiselle me méprise?

— Le fait est, dirent les deux esclaves interrogés, et qui tous deux étaient de la maison du général, qu'il faut qu'Ivan ait un charme; car on ne lui parle jamais que comme à un seigneur.

## CRIMES CÉLÈBRES.

— Parce qu'il est le frère d'Annouschka, dit Grégoire, et qu'Annouschka est la sœur de lait de mademoiselle.

— C'est possible, dirent les deux esclaves.

— Pour cela ou pour autre chose, reprit Ivan; mais enfin, c'est comme cela, et pas autrement.

— Oui; mais si ta sœur mourait..... dit Grégoire, ah !...

— Si ma sœur mourait, reprit Ivan, ce serait dommage, parce que ma sœur est une bonne fille : à la santé de ma sœur! Mais si elle mourait, ça ne changerait rien à la chose : c'est pour moi qu'on me respecte, et on me respecte parce qu'on me craint. Voilà !

— On craint le seigneur Ivan ! dit Grégoire en éclatant de rire. Il en résulte que, si le seigneur Ivan se lassait de recevoir des ordres, et qu'il en donnât à son tour, on obéirait au seigneur Ivan.

— Peut-être ! dit Ivan.

— Il a dit : Peut-être? répéta Grégoire en riant plus fort; il a dit : Peut-être? avez-vous entendu, vous autres?

— Oui, dirent les esclaves, qui avaient tant bu qu'ils ne pouvaient plus répondre que par monosyllabes.

— Eh bien! je ne dis plus : Peut-être; maintenant je dis : Pour sûr.

— Ah! je voudrais bien voir cela, dit Grégoire; je donnerais bien quelque chose pour voir cela.

— Eh bien! renvoie tous ces drôles-là, qui boivent et qui s'enivrent comme des pourceaux, et tu le verras pour rien.

## VANINKA.

— Pour rien ! dit Grégoire, tu plaisantes ! Est-ce que tu crois que je leur donne à boire gratis ?

— Eh bien ! voyons : pour combien peuvent-ils boire de ton atroce eau-de-vie d'ici à minuit, que tu es obligé de fermer ta bicoque ?

— Mais pour vingt roubles à peu près.

— En voilà trente : mets-les à la porte, et que nous restions entre nous.

— Mes amis, dit Grégoire en tirant sa montre comme pour y regarder l'heure, il va être minuit, vous connaissez l'ordonnance du gouverneur ; ainsi, retirez-vous.

Les Russes, habitués à l'obéissance passive, se retirèrent sans murmurer, et Grégoire se trouva seul avec Ivan et les deux autres esclaves du général.

— Eh bien ! nous voilà entre nous, dit Grégoire : que comptes-tu faire ?

— Mais que diriez-vous, reprit Ivan, si, malgré l'heure avancée, malgré le froid, et quoique nous soyons des esclaves, mademoiselle quittait l'hôtel de son père, et venait porter un toast à notre santé ?

— Je dis que tu devrais profiter de cela, répondit Grégoire en haussant les épaules, pour lui dire d'apporter en même temps une bouteille d'eau-de-vie ; il y en a probablement de meilleure dans la cave du général que dans la mienne.

— Il y en a de meilleure, dit Ivan en homme qui en était parfaitement sûr, et mademoiselle en apportera une bouteille.

— Tu es fou ? dit Grégoire.

## CRIMES CÉLÈBRES.

— Il est fou ! répétèrent machinalement les deux autres esclaves.

— Ah ! je suis fou ! dit Ivan ; eh bien ! tiens-tu le pari ?...

— Que paries-tu ?

— Une assignation de deux cents roubles contre une année à boire chez toi à discrétion

— Cela va, dit Grégoire.

— Les camarades en sont-ils ? demandèrent les deux mougiks ?

— Ils en sont, dit Ivan ; et à leur considération, nous réduirons le terme à six mois. Cela va-t-il ?

— Cela va, dit Grégoire.

Les deux parieurs se frappèrent dans la main l'un de l'autre, et la chose fut convenue.

Alors, avec une confiance faite pour confondre les témoins de cette scène étrange, Ivan prit son caftan fourré qu'il avait, en homme de précaution, étendu sur le poêle, s'en enveloppa et sortit.

Au bout d'une demi-heure il reparut.

— Eh bien ! s'écrièrent à la fois Grégoire et les deux autres esclaves.

— Elle me suit, dit Ivan.

Les trois buveurs se regardèrent confondus ; mais Ivan reprit tranquillement sa place au milieu d'eux, versa une nouvelle rasade, et élevant son verre :

— A mademoiselle, dit-il ; c'est bien le moins que nous devions à sa complaisance de venir nous rejoindre par une nuit si froide et quand la neige tombe à flocons.

## VANINKA.

— Annouschka, dit une voix en dehors, frappe à cette porte, et demande à Grégoire s'il n'aurait pas chez lui quelques-uns de nos gens.

Grégoire et les deux esclaves se regardèrent stupéfaits ; ils avaient reconnu la voix de Vaninka ; quant à Ivan, il se renversait sur sa chaise, en se dandinant avec une impertinence miraculeuse.

Annouschka ouvrit la porte, et l'on put voir, comme l'avait dit Ivan, la neige qui tombait à gros flocons.

— Oui, madame, dit la jeune fille, il y a mon frère et encore Daniel et Alexis.

Vaninka entra.

— Mes amis, dit-elle avec un sourire étrange, on m'a dit que vous buviez à ma santé, et je viens vous apporter de quoi faire toast pour toast : voici une bouteille de vieille eau-de-vie de France, que j'ai choisie à votre intention dans la cave de mon père. — Tendez vos tasses ?

Grégoire et les deux esclaves obéirent avec la lenteur et l'hésitation de l'étonnement, tandis qu'Ivan avançait son verre avec une parfaite effronterie. Vaninka versa elle-même et à tous bord à bord, et comme ils hésitaient à boire :

— Allons, à ma santé, mes amis, dit-elle.

— Hourra ! — crièrent les buveurs, rassurés par le ton de douceur et de familiarité de la noble visiteuse, et ils vidèrent leurs verres d'un seul trait. Vaninka leur en versa aussitôt une seconde tasse, puis posant la bouteille sur la table :

## CRIMES CÉLÈBRES.

— Videz cette bouteille, mes amis, dit-elle , et ne vous inquiétez pas de moi, nous allons, avec la permission du maître de la maison, attendre près du poêle, Annouschka et moi, que cette tempête soit passée.

Grégoire voulut se lever pour pousser des escabeaux près du poêle ; mais, soit qu'il fut complètement ivre, soit que quelque liqueur narcotique fût mêlée à l'eau-de-vie, il retomba sur son banc, en essayant, mais en vain, de balbutier une excuse.

— C'est bien ! c'est bien ! dit Vaninka, que personne de vous ne se dérange. Buvez, mes amis, buvez.

Les convives profitèrent de la permission, et chacun avala le contenu de la tasse qui se trouvait devant lui : à peine Grégoire avait-il vidé la sienne, qu'il tomba sur la table.

— Bien, dit Vaninka à demi-voix à sa suivante, l'opium fait son effet.

— Mais quelle est votre intention ? demanda Annouschka.

— Tu verras tout-à-l'heure.

Les deux mougiks ne tardèrent pas à suivre l'exemple du maître de la maison et à tomber à leur tour l'un à côté de l'autre : Ivan était resté le dernier, luttant encore contre le sommeil, et essayant de chanter une chanson bachique ; mais bientôt sa langue refusa de le servir, ses yeux se fermèrent malgré lui, et tout en cherchant l'air qui le fuyait, tout en balbutiant des paroles qu'il ne pouvait prononcer, il tomba sans connaissance auprès de ses camarades.

Aussitôt Vaninka se leva, et fixa sur ces hommes un

## VANINKA

regard de flamme, puis ne s'en rapportant pas à ses yeux, elle les appela les uns après les autres par leurs noms, mais, sans qu'aucun d'eux répondît. Alors elle frappa ses mains l'une dans l'autre, et avec un accent joyeux : Voici le moment, dit-elle ; et s'en allant au fond de la chambre, elle y prit une brassée de paille, qu'elle porta dans un angle de la pièce, en fit autant aux trois autres, et tirant une branche de sapin toute enflammée du poêle, elle mit le feu successivement aux quatre coins de la chaumière.

— Que faites-vous ? s'écria Annouschka, au comble de la terreur et essayant de l'arrêter.

— J'ensevelis notre secret sous la cendre, répondit Vaninka.

— Mais mon frère ! mon pauvre frère ! s'écria la jeune fille.

— Ton frère est un infâme, qui nous avait trahies ; et nous étions perdues si nous ne le perdions.

— Oh ! mon frère ! mon pauvre frère !

— Tu peux mourir avec lui, dit Vaninka en accompagnant cette proposition d'un sourire qui prouvait qu'elle n'eût point été fâchée que Annouschka poussât jusque là l'amour fraternel.

— Mais voilà le feu, madame ! voilà le feu !

— Sortons donc, s'écria Vaninka ; — et entraînant la jeune fille toute éplorée, elle ferma la porte derrière elle et jeta au loin la clef dans la neige.

— Au nom du ciel, rentrons vite, s'écria Annouschka. Oh ! je ne puis voir ce spectacle affreux !

## CRIMES CÉLÈBRES.

— Restons, au contraire, dit Vaninka en arrêtant sa suivante par le poignet avec une force presque masculine, restons jusqu'à ce que cette maison s'abîme sur eux, jusqu'à ce que nous soyons certaines que pas un n'en peut échapper.

— O mon Dieu Seigneur ! s'écria Annouschka en tombant à genoux, ayez pitié de mon pauvre frère, car la mort va le conduire à vous avant qu'il n'ait eu le temps de se préparer à paraître en votre présence.

— Oui, oui, prie, c'est bien, dit Vaninka, car c'est leurs corps que je veux perdre, et non leurs âmes. Prie, je te le permets.

Et Vaninka resta debout, et les bras croisés, éclairée ardemment par la lueur de l'incendie, tandis que la suivante priait.

L'incendie ne fut pas long : la maison était de bois, calfeutrée avec des étoupes, comme toutes les maisons des paysans russes ; de sorte que la flamme, apparaissant aux quatre coins, s'élança bientôt au dehors, et excitée par la tourmente ne forma plus, au bout de quelques instants, qu'un immense bûcher. Vaninka suivait d'un œil ardent les progrès de l'incendie, tremblante toujours de voir s'élancer hors des flammes quelque spectre à demi brûlé. Enfin le toit s'abîma, et Vaninka, libre de toute crainte, reprit alors seulement le chemin de l'hôtel du général, où, grâce à la faculté qu'avait Annouschka de sortir à toute heure du jour et de la nuit, les deux femmes rentrèrent sans être vues.

Le lendemain, il n'était bruit dans Saint-Pétersbourg

## VANINKA.

que de l'incendie du Cabaret-Rouge : on retira de dessous
les débris quatre cadavres à demi consumés, et comme trois
esclaves du général n'étaient point rentrés, le général ne
douta point que ces cadavres méconnaissables ne fussent
ceux d'Ivan, de Daniel et d'Alexis ; quant au quatrième,
il était certain que c'était celui de Grégoire.

Les causes de l'incendie restèrent un secret pour tout
le monde, la maison était isolée, et le chasse-neige si
violent, que sur la route déserte, nul n'avait rencontré
les deux femmes : Vaninka était sûre de sa suivante. Son
secret était donc mort avec Ivan.

Mais alors le remords prit la place de la crainte ; la
jeune fille si inflexible en face de l'événement se trouva
sans force contre son souvenir ; il lui sembla qu'en dé-
posant le secret de son crime dans le sein d'un prêtre,
elle serait soulagée de cet effroyable fardeau : elle alla
donc trouver un pope connu pour sa haute charité, et
lui raconta, sous le sceau de la confession, tout ce qui
s'était passé.

Le prêtre demeura épouvanté à ce récit ; la miséricorde divine est sans bornes, mais la rémission humaine
a ses limites. Le pope refusa à Vaninka l'absolution
qu'elle lui demandait.

Ce refus était terrible : il éloignait Vaninka de la sainte
table ; cet éloignement serait remarqué, et il ne pourrait
être attribué qu'à quelque faute inouïe ou à quelque
crime inconnu.

Vaninka tomba aux pieds du prêtre, et au nom de son
père, sur lequel sa honte retomberait en déshonneur,

## CRIMES CÉLÈBRES.

elle le supplia d'adoucir la rigueur de ce jugement.

Le pope réfléchit profondément ; puis il crut avoir trouvé un moyen de tout concilier, c'était que Vaninka s'approchât de la table sainte avec les autres jeunes filles : le prêtre s'arrêterait devant elle comme devant les autres, mais seulement pour lui dire : Priez et pleurez.—Et les assistans, trompés par les démonstrations, croiraient que, comme ses compagnes, elle avait reçu le corps du Christ. Ce fut tout ce que Vaninka put obtenir.

Cette confession avait eu lieu vers les sept heures du soir : et la solitude de l'église, jointe à l'obscurité de la nuit, lui avait donné un caractère plus effrayant encore. Le pope rentra chez lui pâle et tremblant. Sa femme Élisabeth l'attendait seule ; elle venait de coucher dans la chambre voisine sa petite fille Arina, âgée de huit ans.

En apercevant son mari, la femme jeta un cri d'effroi, tant elle le trouva défait et changé. Le pope essaya de la rassurer, mais le tremblement de sa voix ne fit qu'augmenter ses terreurs. La femme voulut savoir d'où venait son émotion. Le pope refusa de le lui dire. Élisabeth avait appris la veille la maladie de sa mère, elle crut que son mari avait reçu quelque fâcheuse nouvelle ; ce jour était un lundi, jour néfaste chez les Russes ; en sortant le matin, Élisabeth avait rencontré une personne en deuil : c'était trop de présages réunis pour ne pas annoncer un malheur.

Élisabeth éclata en sanglots en s'écriant : — Ma mère est morte !

## VANINKA.

**Le** pope voulut en vain la rassurer en lui affirmant que son trouble ne venait point de là, la pauvre femme, préoccupée d'une seule idée, ne répondait à toutes ses protestations que par ce cri éternel : Ma mère est morte ! Alors, pour chasser cette espèce de vertige, le pope lui avoua que son émotion était née de l'aveu d'un crime qu'il venait d'entendre au confessional. Mais Élisabeth secoua la tête. — C'était un artifice, disait-elle, pour lui cacher le malheur qui venait de l'atteindre. La crise, au lieu de se calmer, devient plus violente, les larmes s'arrêtent, les convulsions se déclarent ; le prêtre alors lui fait jurer qu'elle gardera le secret, — et le mystère sacré de la confession est trahi.

La petite Arina s'est réveillée aux premiers cris d'Elisabeth, et, inquiète et curieuse à la fois de ce qui se passe entre son père et sa mère, elle s'est levée, est venue écouter à la porte, et a tout entendu.

Ainsi le secret de la faute est éteint, mais le secret du crime est connu.

Le jour de la communion arrive ; l'église de Saint-Siméon est pleine de fidèles : Vaninka vient de s'agenouiller devant la balustrade du chœur. Derrière elle est son père, et ses aides de camp, derrière ceux-ci, leurs domestiques.

Arina est aussi dans l'église avec sa mère : l'enfant curieuse veut voir Vaninka, dont elle a entendu prononcer le nom dans cette terrible nuit où son père a manqué au premier et au plus saint des devoirs imposés à un prêtre. Pendant que sa mère prie, elle quitte sa

## CRIMES CÉLÈBRES.

chaise, se glisse entre les fidèles, et parvient presque jusqu'à la balustrade. Arrivée là, elle est arrêtée par le groupe des domestiques du général. Mais Arina n'est pas venue si loin pour rester en route, elle essaie de passer entre eux, ils s'y opposent, elle persiste, un d'eux la repousse avec brutalité, l'enfant renversée va se heurter la tête à un banc, et se relève toute sanglante en criant :

— Tu es bien fier pour un homme à barbe ! est-ce parce que tu appartiens à la grande dame qui a brûlé le Cabaret-Rouge ?

Ces paroles, prononcées à haute voix et au milieu du silence qui précédait la sainte cérémonie, ont été entendues de tout le monde ; un cri leur répond ; Vaninka vient de s'évanouir.

Le lendemain, le général était aux pieds de Paul I<sup>er</sup>, et lui racontait, comme à son empereur et à son juge, toute cette longue et terrible histoire, que Vaninka, écrasée sous la longue lutte qu'elle avait soutenue , lui avait enfin révélée pendant la nuit qui avait suivi la scène de l'église.

L'empereur, après cet aveu étrange, resta un instant pensif ; puis, se levant du fauteuil où il était resté assis pendant tout le temps qu'avait duré la narration du malheureux père, il alla vers un bureau, et écrivit sur un papier volant la décision suivante :

« Le pope ayant violé ce qui doit rester inviolable, c'est-à-dire le secret de la confession, sera exilé en Sibérie et déchu des fonctions du sacerdoce. Sa femme le suivra ; elle est coupable pour n'avoir point respecté le

## VANINKA.

caractère d'un ministre des autels. La petite fille ne quittera point ses parens.

» Annouschka, la femme de chambre, ira également en Sibérie, pour n'avoir pas averti son maître de la conduite de sa fille.

» Je conserve au général toute mon estime ; je le plains, et je m'afflige avec lui du coup mortel qui vient de le frapper.

» Quant à Vaninka, je ne connais aucune peine qu'on puisse lui infliger, je ne vois en elle que la fille d'un brave militaire, dont la vie fut toute consacrée au service de son pays. D'ailleurs, ce qu'il y a d'extraordinaire dans la découverte du crime semble placer la coupable hors des limites de ma sévérité : c'est elle-même que je charge de sa punition. Si j'ai bien compris ce caractère, s'il lui reste quelques sentimens de dignité, son cœur et ses remords lui traceront la route qu'elle doit suivre [1]. »

Paul Ier remit au général ce papier tout ouvert, en lui ordonnant de le porter au comte de Pahlen, gouverneur de Saint-Pétersbourg.

Le lendemain, les ordres de l'empereur étaient exécutés.

Vaninka entra dans un couvent. où vers la fin de la même année elle mourut de honte et de douleur.

Le général se fit tuer à Austerlitz.

# NOTE.

¹ Nous empruntons tous les détails de l'histoire tragique que nous venons de mettre sous les yeux du lecteur, ainsi que le jugement *textuel* rendu par Paul Iᵉʳ, à l'excellent ouvrage publié il y a douze ou quinze ans par M. Dupré de Saint-Maure, et intitulé *l'Ermite en Russie*.

A lui tous nos remerciemens: à nous la crainte d'avoir affaibli l'intérêt en substituant notre narration a la sienne.

# TABLE.

www.ingramcontent.com/pod-product-compliance
Ingram Content Group UK Ltd.
Pitfield, Milton Keynes, MK11 3LW, UK
UKHW020825120726
13693UKWH00002B/468